はじめに

漢字能力は日常生活を送る上で、欠くことのできない基本的な能力であり、パソコンが普及した現在においても、正しい知識がなければ適切な文章表現は難しいといえます。一朝一夕(わずかの期間)に身につくものではありませんが、書籍、新聞、雑誌を、漢字を意識して読むなど日ごろの努力の積み重ねが必要なことはいうまでもありません。

本書は、最近しだいに会社や学校で重要な資格とみなされるようになってきた**「漢字能力検定」**に合格できる実力を養うことに重点をおいて作成しています。また、**改定された常用漢字表**に対応しています。

特色と使い方

本書は**「練習編」**、**「実戦編」**、**「資料編」**の三部構成になっています。

「練習編」では読み書きなどの問題形式別に効率的に練習。各問題は見開き二ページ、解答は書きこみ式になっています。チェックらんを利用して、くり返し練習することが上達のコツです。問題文中で＊のついた語句は**「ワンポイント」**で解説。**「漢字力がつく」**では漢字の知識や学習のこころがけなどがあり、成績アップがはかれます。

「実戦編」は検定と同じ形式、問題数のテストで、検定前に、漢字能力の点検や弱点チェックをすることができます。

「資料編」は2～4級の出題漢字などをのせ、漢字の最終確認ができます。

また、**「解答編」**は答え合わせのしやすい別冊とし、まちがえやすいところは「×」や「注」で親切に示し、**「チェックしよう」**は重要な語句や漢字知識の解説で、幅広い漢字力の養成に役立つ工夫をしています。

目次

漢字検定4級トレーニングノート

1 漢字の読み（音読み）①

——読みとともに言葉の意味も確認しておこう　よく出る

合格	もう一歩	がんばれ	得点
(50～35)	(34～26)	(25～　)	

● 次の——線の読みをひらがなで記せ。

1 闘志を込めて土俵に上がった。（　　）
2 川原に雑草が繁茂している。（　　）
3 彼の説得は迫力がある。（　　）
4 山頂からのながめは雄大だ。（　　）
5 研究論文に資料を添付*する。（　　）
6 白鳥が優雅*な姿で水に浮かぶ。（　　）
7 父の縁故で就職した。（　　）
8 神社で合格を祈願する。（　　）
9 脚注*を参照して読み進める。（　　）
10 古代の遺跡を発掘する。（　　）
11 冬期は空気が乾燥する。（　　）
12 犬はにおいに敏感だ。（　　）
13 新しい技法を駆使*して制作する。（　　）

14 人々は恒久*の平和を願っている。（　　）
15 選挙で新人の躍進が目立つ。（　　）
16 クラスの中でも屈指の力持ちだ。（　　）
17 病身の祖父を介抱する。（　　）
18 仮装行列に趣向*をこらす。（　　）
19 濃霧のため視界がきかない。（　　）
20 あの人は思慮深い人だ。（　　）
21 優勝して感涙にむせぶ。（　　）
22 再会を喜んで握手をかわした。（　　）
23 伝言を友人に依頼した。（　　）
24 災害復旧活動を支援する。（　　）
25 威儀*を正して式場に入る。（　　）
26 人によって考えは相違する。（　　）

- 27 努力して難関を突破した。（　）
- 28 自動販売機でジュースを買った。（　）
- 29 園児を引率して動物園に行く。（　）
- 30 旬の食材を使って料理を作る。（　）
- 31 老朽化した倉庫を改築する。（　）
- 32 借りた図書を返却する。（　）
- 33 味方の得点に歓声をあげる。（　）
- 34 健康の維持*に努める。（　）
- 35 事実を誇張*して話すのはやめよう。（　）
- 36 悲惨な事故に顔をそむける。（　）
- 37 新しい研究の分野を開拓する。（　）
- 38 展覧会場から作品を搬出する。（　）
- 39 仏前に正座して黙想*する。（　）
- 40 授業中の私語は人の迷惑だ。（　）

漢字力がつく　**漢字は中国から伝わった表意文字**であり、一字一字が意味をもっている。熟語の意味は構成されているそれぞれの漢字の意味から考えよう。

- 41 接戦の末やっと勝利を獲得した。（　）
- 42 境内は参拝者でにぎわっている。（　）
- 43 真紅の優勝旗を学校に持ち帰る。（　）
- 44 その案は机上の空論に過ぎない。（　）
- 45 この写真は実に鮮明だ。（　）
- 46 心のなごむ話で微笑がもれた。（　）
- 47 絶妙な鉄棒のわざに拍手する。（　）
- 48 自然環境の保護につとめる。（　）
- 49 外来種の生息範囲が広がった。（　）
- 50 母は舞踊の練習をしている。（　）

ワンポイント

5 添付＝書類などにそえる。
6 優雅＝優しくて上品な様子。
9 脚注＝本文の下の注意書き。
13 駆使＝思いのままに使う。
14 恒久＝永久に変わらない。
18 趣向＝おもしろい工夫。
25 威儀＝作法にかなった行い。
34 維持＝持ちこたえること。
35 誇張＝大げさに表現する。
39 黙想＝黙って静かに考える。

2 漢字の読み（音読み）②

——音読みは中国の読みをもとにした読み方

よく出る

合格	もう一歩	がんばれ
(50〜35)	(34〜26)	(25〜　)

得点

● 次の——線の読みをひらがなで記せ。

□ 1 ホテルの送迎バスを利用する。（　　）
□ 2 努力と執念*で成功を勝ち取った。（　　）
□ 3 夜の静寂を破って消防車が走る。（　　）
□ 4 駅前に新しく店舗を構えた。（　　）
□ 5 失いかけた記憶がよみがえる。（　　）
□ 6 高僧の法話は含蓄*に富んでいる。（　　）
□ 7 生物は太陽の恩恵を受けている。（　　）
□ 8 台風の被害状況を調べる。（　　）
□ 9 料理を囲んで歓談した。（　　）
□ 10 スキー場で人為*的に雪を降らせる。（　　）
□ 11 学級新聞に俳句を投稿した。（　　）
□ 12 研究論文の要旨を説明した。（　　）
□ 13 観察したことを詳細に記録する。（　　）

□ 14 交通違反で警官の職務尋問を受けた。（　　）
□ 15 新装開店の準備に忙殺*される。（　　）
□ 16 登山隊が最高峰の征服をめざす。（　　）
□ 17 病院で臓器の摘出手術を受けた。（　　）
□ 18 蚕は脱皮しながら成長する。（　　）
□ 19 徒競走より跳躍競技が得意だ。（　　）
□ 20 古代の遺跡を踏査*する。（　　）
□ 21 山間の透明度の高い湖です。（　　）
□ 22 どんよりした曇天の空を仰ぐ。（　　）
□ 23 出港する船を岸壁で見送る。（　　）
□ 24 伝統の技術を継承する。（　　）
□ 25 災害に備えて避難訓練をする。（　　）
□ 26 朝日に輝く白雪の連峰を望む。（　　）

27 文の末尾には句点を打つ。（　　）
28 漢字の覚え方を工夫する。（　　）
29 ガラスの破片が飛び散る。（　　）
30 路傍の石仏に手を合わせる。*（　　）
31 台風が各地で猛威を振るう。（　　）
32 朝の砂丘は風紋が美しい。（　　）
33 夕日をうけて主翼が輝いている。（　　）
34 国道を長距離トラックが走る。（　　）
35 強国に隷属する国は少なくない。*（　　）
36 痛烈なライナーが投手をおそう。（　　）
37 宮殿の偉観に心を打たれる。*（　　）
38 ここは北緯三十五度である。（　　）
39 問題解決に鋭意努力したい。（　　）
40 物価は高くなる傾向がある。（　　）

41 試合が終わるまで放送を継続する。（　　）
42 山の斜面に茶畑が広がる。（　　）
43 相手のミスをついて逆襲する。（　　）
44 人権を侵害してはいけない。（　　）
45 先生の質問に即座に答える。*（　　）
46 厳しく責任を追及する。（　　）
47 昼夜二交替制の勤務です。（　　）
48 河川の改修工事を行う。（　　）
49 はやる気持ちを制御する。*（　　）
50 流行性感冒のため学級閉鎖になる。（　　）

ワンポイント

2 執念＝思いこみ動かない心。
6 含蓄＝意味が深く味がある。
10 人為＝人工。↕自然・天然。
15 忙殺＝ひどく忙しいこと。
20 踏査＝出かけて調べること。
30 路傍＝「道ばた」の漢語的表現。
35 隷属＝支配されてつき従う。
37 偉観＝非常に見事なながめ。
45 即座＝その場で、すぐに。
49 制御＝思い通りに動かす。

漢字力がつく

熟語の読み方の法則① 音読語＝上の字を音読すれば、下の字も音読する。（例 牧場（ぼくじょう）・学問（がくもん））

3 漢字の読み（音読み）③

——いくつも読みのある漢字は要注意！

よく出る

合格（50〜35）　もう一歩（34〜26）　がんばれ（25〜　）　得点

● 次の——線の読みをひらがなで記せ。

1 祖父は会社を退き隠居した。*（　　）
2 耳ざわりのよい甘言にのせられた。（　　）
3 人は発汗によって体温の調節をする。（　　）
4 月面からの映像は反響を呼んだ。（　　）
5 記者を海外へ派遣する。（　　）
6 山間の盆地に集落が点在している。（　　）
7 香料を加えて菓子を作る。（　　）
8 会は冒頭から活発な論戦になった。（　　）
9 注釈はページの欄外にある。（　　）
10 苦しくても我慢した。（　　）
11 担当者の態度は冷淡であった。（　　）
12 会社の浮沈にかかわる一大事だ。（　　）
13 近隣の諸国と友好条約を結んだ。（　　）

14 厳しい指摘を受けて改善した。（　　）
15 今大会は平凡な記録に終わった。（　　）
16 大雨による被害が広がる。（　　）
17 湖の水質汚濁が深刻だ。*（　　）
18 心理描写のたくみな作家だ。（　　）
19 賃金格差の是正を検討する。（　　）
20 何事も慎重に判断しよう。（　　）
21 事故のため電車が遅延した。（　　）
22 郷土の風俗や習慣を研究する。（　　）
23 会費は例会の席で徴収します。（　　）
24 賞をいただくのは名誉なことだ。（　　）
25 象は一見鈍重に見える。（　　）
26 溶接の火花が飛び散る。（　　）

漢字力がつく 熟語の読み方の法則② 訓読語＝上の字も下の字も訓読するもの。（例 牧場（まきば）・居間（いま）・真綿（まわた））

□ 27 自動車の盗難が相次いだ。（　　）
□ 28 葉先から水滴がしたたる。（　　）
□ 29 計画は変更するかもしれない。（　　）
□ 30 早速おうかがいします。（　　）
□ 31 みごとな演技に驚嘆する。（　　）
□ 32 離島で海浜植物を調査している。（　　）
□ 33 社会を風刺した小説であった。（　　）
□ 34 この辺は風致地区である。（　　）
□ 35 旅行の前日は早めに就寝した。（　　）
□ 36 新しい考え方が人々に浸透する。（　　）
□ 37 彼の行いは人々に称賛された。（　　）
□ 38 名工の焼き物は珍重される。（　　）
□ 39 倉庫でねずみが繁殖する。（　　）
□ 40 注意力が散漫だと母に言われる。（　　）

□ 41 県外へ遠征試合に出かける。（　　）
□ 42 ついに相手チームを打倒した。（　　）
□ 43 山腹に寺院の堂塔が見える。（　　）
□ 44 この写真は粒子があらい。（　　）
□ 45 旅の支度を整えて出発の日を待つ。（　　）
□ 46 後輩のためによい校風を残そう。（　　）
□ 47 優勝戦で雌雄を決する。（　　）
□ 48 会の初めに自己紹介をする。（　　）
□ 49 なつかしい童謡のメロディだ。（　　）
□ 50 胴体着陸したが乗客は無事だった。（　　）

ワンポイント

1 隠居＝仕事をやめて気ままに暮らすこと。
17 汚濁＝よごれ・にごること。
31 驚嘆＝おどろいて感心する。
34 風致＝自然などのおもむき。
36 浸透＝しみとおること。
38 珍重＝珍しがり大切にする。
40 散漫＝まとまりがない様子。
44 粒子＝非常に細かいつぶ。
47 雌雄（を決する）＝勝ち負け。

4 漢字の読み（音読み）④

——まちがえやすい読みは何度も書いて覚えよう

よく出る

合格	もう一歩	がんばれ	得点
(50〜35)	(34〜26)	(25〜)	

● 次の——線の読みをひらがなで記せ。

□ 1 爆音を残して旅客機は離陸した。（　　）
□ 2 趣のある陰影*に富んだ絵だ。（　　）
□ 3 僧が戒律*を守って修行する。（　　）
□ 4 台風で家屋が倒壊した。（　　）
□ 5 災害に備えて避難を勧告された。（　　）
□ 6 専門家に美術品の鑑定を依頼した。（　　）
□ 7 奇策を用いて試合に勝つ。（　　）
□ 8 その話には何の根拠もない。（　　）
□ 9 火事だという絶叫*で目が覚めた。（　　）
□ 10 地震の恐怖は忘れられない。（　　）
□ 11 成層圏*は天候の変化がない。（　　）
□ 12 副委員長と会計を兼任する。（　　）
□ 13 正面玄関で客を迎える。（　　）

□ 14 二人の実力は互角だ。（　　）
□ 15 荒野を切り開いて農地にする。（　　）
□ 16 無実が判明して釈放された。（　　）
□ 17 歳月人を待たず。（　　）
□ 18 出席者は氏名を記載してください。（　　）
□ 19 豪快なホームランを打つ。（　　）
□ 20 雪を頂いた秀麗な富士山を見る。（　　）
□ 21 獣医に犬をみてもらう。（　　）
□ 22 警備員が構内を巡視する。（　　）
□ 23 天井知らずに物価が上がる。（　　）
□ 24 地方の産業を振興する。（　　）
□ 25 石油資源は無尽蔵とはいえない。（　　）
□ 26 法律に抵触*すると注意を受けた。（　　）

27 史跡を訪ねて昔をしのぶ。（　　）
28 遊具を独占してはいけない。（　　）
29 騒然としていた会場が静まった。（　　）
30 判定は不当であると抗議した。（　　）
31 丹精こめて育てたばらが咲いた。（　　）
32 暗い夜道に迷って途方に暮れた。（　　）
33 約束を破られて激怒する。（　　）
34 犯人はすでに逃亡していた。（　　）
35 彼の一生は苦悩の連続だった。（　　）
36 意志が薄弱では大成できない。（　　）
37 月に一度は散髪する。（　　）
38 法令違反で処罰された。（　　）
39 アルプス連峰の偉容を仰ぎ見る。（　　）
40 春の彼岸には先祖の墓参りをする。（　　）

41 全員の健闘は優勝に匹敵する。（　　）
42 パソコンは一般に普及している。（　　）
43 あの人は天賦＊の才能がある。（　　）
44 民家の近くでクマが捕獲された。（　　）
45 君の努力には脱帽するよ。（　　）
46 脈絡のない話は聞きづらい。（　　）
47 この老木は樹齢約七百年だ。（　　）
48 劣勢の試合を逆転する。（　　）
49 言うこととすることが矛盾＊している。（　　）
50 真情を吐露＊して訴えた。（　　）

ワンポイント

2 陰影＝光の当たらない部分。
3 戒律＝僧が守らなければならない規律。
9 絶叫＝声をかぎりにさけぶ。
11 成層圏＝高さ一万～五万メートルの空気の層。
26 抵触＝きまりや制限に触れること。
43 天賦＝生まれつき。
49 矛盾＝つじつまが合わない。
50 吐露＝打ち明けて話すこと。

漢字力がつく 熟語の読み方の法則③ 重箱(じゅうばこ)読み＝上の字が音読、下の字が訓読のもの。（例 素顔(すがお)・新芽(しんめ)・台所(だいどころ)）

5 漢字の読み（音読み）⑤

――熟語の読み方の原則を理解しておこう

合格	もう一歩	がんばれ	得点
(50～35)	(34～26)	(25～　)	

● 次の――線の読みをひらがなで記せ。

□ 1 壱万弐千円の領収書をもらう。（　　）
□ 2 今年はふるさとで越年したい。（　　）
□ 3 間違っている箇所を正しく直す。（　　）
□ 4 手がかりがなく皆目*分からない。（　　）
□ 5 年度末に会計を監査する。（　　）
□ 6 シェークスピアの戯曲を読む。（　　）
□ 7 巨額を投じてビルを新築した。（　　）
□ 8 入試に合格して狂喜する。（　　）
□ 9 古代遺跡の発掘に参加する。（　　）
□ 10 おみくじを引いて吉凶を占う。（　　）
□ 11 将来のことを真剣に考えている。（　　）
□ 12 首位の座を堅持している。（　　）
□ 13 士気を鼓舞*して決勝戦に臨む。（　　）

□ 14 敵陣に攻撃を加える。（　　）
□ 15 中学校の入試要項が発表された。（　　）
□ 16 めでたく婚礼の儀が整った。（　　）
□ 17 ひときわ異彩*を放つ絵があった。（　　）
□ 18 食器を洗剤できれいに洗う。（　　）
□ 19 あの島とは舟運*の便がよい。（　　）
□ 20 脂肪の取り過ぎに注意しよう。（　　）
□ 21 春の交通安全旬間が始まる。（　　）
□ 22 紫外線は日焼けのもとになる。（　　）
□ 23 内閣が国会を召集する。（　　）
□ 24 柔順*な人はみんなに好かれる。（　　）
□ 25 夏は六時に起床する。（　　）
□ 26 老松が枯死状態になっている。（　　）

27 余震でも警戒が必要だ。（　　）
28 堂々たる陣容が整う。（　　）
29 この村には同姓の人が多い。（　　）
30 僧衣を着て寺にこもる。（　　）
31 他の製品よりも耐久性に優れる。（　　）
32 金銀宝石が光沢を放っている。（　　）
33 自分の考えを端的*に述べる。（　　）
34 木立の間から拝殿が見える。（　　）
35 空港で渡航の手続きをする。（　　）
36 力の差は比較にならない。（　　）
37 湖のほとりで宿泊する。（　　）
38 ガスもれによる爆発と聞いた。（　　）
39 抜群の成績で合格した。（　　）
40 休養して疲労をとる。（　　）

41 諸般*の事情でキャンプを中止する。（　　）
42 大木が倒れて腐食*している。（　　）
43 彼の発言には全幅*の信頼がある。（　　）
44 会社の経営基盤を固める。（　　）
45 火口から噴煙があがっている。（　　）
46 号砲を合図にスタートした。（　　）
47 今の時季はヘビも冬眠している。（　　）
48 虫歯を完全に治療する。（　　）
49 係員は腕章をつけている。（　　）
50 親から財産の贈与を受ける。（　　）

ワンポイント

4 皆目＝まるっきり。全く。
13 鼓舞＝気持ちを奮い立たせる。
17 異彩＝すぐれた特色。
19 舟運＝舟で人や物を運ぶ。
24 柔順＝おとなしくて素直。
33 端的＝てっとり早い様子。
41 諸般＝さまざま。
42 腐食＝さびたりくさったりして形がくずれる。
43 全幅＝あらん限り。

漢字力がつく 熟語の読み方の法則④ 湯桶（ゆとう）読み＝上の字が訓読、下の字が音読のもの。（例）合図（あいず）・身分（みぶん）・夕刊（ゆうかん）

6 漢字の読み（訓読み）①

——訓読みは漢字を日本の言葉に当てはめた読み方

よく出る

合格	もう一歩	がんばれ	得点
(50〜35)	(34〜26)	(25〜　)	

● 次の——線の読みをひらがなで記せ。

1 荷物の取り扱いをていねいにする。（　　）
2 久しぶりに会った友と話が弾む。*（　　）
3 ご期待に背かないように努力する。（　　）
4 方向がわからなくて戸惑う。（　　）
5 先例に鑑みて行動する。（　　）
6 母は淡い色の服が好きだ。*（　　）
7 相手の弱みを握っている。（　　）
8 浜辺は芋を洗うようなにぎわいだ。*（　　）
9 真に迫る熱演であった。（　　）
10 道幅が狭いので一方通行とする。（　　）
11 裏庭の雑草を刈り取る。（　　）
12 暇をみつけて読書をする。（　　）
13 日は西に傾き影も長くなった。（　　）

14 入選の喜びに浸っている。*（　　）
15 風雨を冒して救助に向かった。（　　）
16 汗まみれになって働く。（　　）
17 同じ間違いを繰り返すな。（　　）
18 誠を尽くして話し合う。（　　）
19 兄はこん虫に詳しい。（　　）
20 針路が東に振れる。（　　）
21 薪を燃やして暖まる。（　　）
22 事件の連続で世間が騒がしい。（　　）
23 窓の透き間から風が入る。（　　）
24 日照りで作物が損害を被る。*（　　）
25 幼児がお絵描きをしている。（　　）
26 気候も順調で稲の生育が良い。（　　）

□ 27 隣の家にはかわいい犬がいる。（　　　）

□ 28 友は黙って話を聞いてくれた。（　　　）

□ 29 親の恩に報いるために孝行したい。（　　　）

□ 30 将来が頼もしい好人物だ。（　　　）

□ 31 昨夜は怖い夢を見た。（　　　）

□ 32 重要な事柄をメモしておく。（　　　）

□ 33 今日の漁は獲物が少ない。（　　　）

□ 34 耳をつんざくような叫び声だ。（　　　）

□ 35 あの人は何となく煙たい人だ。（　　　）

□ 36 公の費用で道路を改修する。（　　　）

□ 37 厳しい寒波が日本を襲う。（　　　）

□ 38 明日の午後お伺いします。（　　　）

□ 39 庭のモミジが鮮やかに色づいた。（　　　）

□ 40 包丁の切れ味が鈍ってきた。（　　　）

□ 41 地図を示して道を尋ねた。（　　　）

□ 42 物静かで慎み深い人だ。（　　　）

□ 43 青葉が茂るころになった。（　　　）

□ 44 大きな翼を広げて鳥が飛ぶ。（　　　）

□ 45 月が雲に隠れる。（　　　）

□ 46 友達に入会を勧める。（　　　）

□ 47 式典は厳*かに始まった。（　　　）

□ 48 漁獲量が減り港は寂れた。（　　　）

□ 49 鬼も十八番茶も出花。（　　　）

□ 50 球史に残る一戦は母校の誇*りだ。（　　　）

ワンポイント

2 弾む＝調子よく進むこと。
6 淡い＝色や味がうすいこと。
8 芋を洗う＝混雑していること。
14 浸る＝ある心境に入りきる。「侵す」と混同しないこと。

24 被る＝身に受ける意味。「被害（ひがい）・被災（ひさい）」など。
47 厳＝訓読みに二通りあることに注意。他の読みは、「厳しい（きびしい）」。
50 誇り＝得意に思う意味。

漢字力がつく

特殊（とくしゅ）な訓読みとして、「熟字訓」や「当て字訓」がある。二字以上の漢字による熟字や、いわゆる当て字のうち、一つの言葉としての読みが認められているもので、お母（かあ）さん・明日（あす）・上手（じょうず）・二十（はたち）（二十歳（はたち））などがある。

7 漢字の読み（訓読み）②
——訓読みは聞いて意味がわかりやすい

よく出る

合格	もう一歩	がんばれ
(50〜35)	(34〜26)	(25〜　)

得点

● 次の——線の読みをひらがなで記せ。

1 最後までがんばったのは偉い。（　）
2 どんよりとした鉛色の曇り空だ。（　）
3 わしは目つきの鋭い鳥だ。（　）
4 参道の奥まった所に本堂がある。（　）
5 木の陰で一休みする。（　）
6 野菜はビタミン類を多く含む。（　）
7 明日は天気が危*ぶまれる。（　）
8 君の合格を祈っている。（　）
9 水は方円の器に従う。（　）
10 退職金を絡めて要求する。（　）
11 議論を尽くして解決を図る。（　）
12 生まれ故郷の田舎に帰る。（　）
13 事件が大きく新聞に載った。（　）
14 原告の訴えが認められた。（　）
15 矢も盾もたまらず家に帰った。（　）
16 あやまちを素直に謝る。（　）
17 前回に勝る成績をおさめた。（　）
18 趣のある日本庭園を観賞する。（　）
19 野に出て春の七草を摘む。（　）
20 手紙に写真を添えて送る。（　）
21 温かい小豆がゆをいただいた。（　）
22 工事のため川の水が濁っている。（　）
23 友達の話に思わず噴き出した。（　）
24 仕事に差し支えることはない。（　）
25 大きな荷物を抱*えて帰途につく。（　）
26 今日は風もなくよい日和だ。（　）

27 汚い言葉づかいはやめよう。*
28 外国に使者を遣わす。
29 かばんに本を詰め込む。
30 お互いの健闘をたたえる。
31 自らのあやまちを戒める。
32 大海原にヨットが浮かんでいる。
33 意気地なしと言われたくない。
34 我が家の息子は中学生だ。
35 一日の生活を省みる。
36 隣の犬は鎖でつながれている。
37 船に乗って島々を巡る。
38 道路の拡張で家を立ち退いた。
39 将来に備えて、お金を蓄える。
40 ようやく難を逃れることができた。*

41 力強い若人の歌声だ。
42 澄み渡った空が一面に広がる。
43 新緑が濃くなってきた。
44 一夜明けると吹雪になった。
45 梅雨どきは食物が腐りやすい。
46 母は毎日忙しそうに働いている。
47 力士の優勝は郷土の誉れだ。
48 習練を積んで腕を上げた。
49 選手の離れ業に観客がわいた。
50 草葉の露とはかなく消えた。

ワンポイント

●二通り以上の訓読みの漢字

7 危＝他の読みは、あぶ(ない)
25 抱＝他の読みは、だ(く)・いだ(く)
27 汚＝他の読みは、よご(れる)
40 逃＝他の読みは、に(げる)

●熟字訓

一字一字の音訓以外の特殊(とくしゅ)な読み方。12 田舎 21 小豆 26 日和 32 海原 33 意気地 34 息子 41 若人 44 吹雪 45 梅雨 などがある。
ぜひ読めるようにしておこう。

漢字力がつく **訓読み**には**送りがな**のつくもの(例 鮮(あざ)やか・占(うらな)う)と、つかないもの(例 丈(たけ)・薪(たきぎ))がある。また、**複数の訓読み**(例 閉(し)める・閉(と)じる)にも注意しよう。

8 漢字の読み（訓読み）③

――送りがなのつく漢字に注意しよう

合格	もう一歩	がんばれ	得点
(50〜35)	(34〜26)	(25〜　)	

● 次の――線の読みをひらがなで記せ。

1 猛烈な吹雪がやってきた。（　　）
2 はるか洋上に島影が見えてきた。*（　　）
3 茶わんの縁が欠けた。（　　）
4 古い家を壊して建て替える。（　　）
5 冬は空気が乾いている。（　　）
6 もう幾つ寝るとお正月。（　　）
7 夜空に星が輝いている。（　　）
8 良書はよい影響を及ぼす。*（　　）
9 小高い丘から町を見下ろす。（　　）
10 失敗を恐れて成功はない。（　　）
11 足音が地下道に響く。（　　）
12 土産物店が軒を連ねている。（　　）
13 役目を終えて肩の荷がおりた。（　　）
14 故郷の山河を恋しく思う。（　　）
15 赤ん坊の柔らかい手を握った。（　　）
16 ホームベース寸前で走者を刺す。（　　）
17 母は会社で事務を執っている。（　　）
18 庭で芝生の手入れをしている。（　　）
19 家族でぶどう狩りに出かける。（　　）
20 五月雨や大河を前に家二軒（　　）
21 遠慮なくお召し上がりください。（　　）
22 床の間にかけじくをかける。（　　）
23 朝から時雨模様の一日だった。（　　）
24 ねずみはよく殖えるたとえになる。（　　）
25 展示物に手を触れてはいけない。（　　）
26 接戦の相手を振り切って優勝した。（　　）

27 交通事故は跡を絶たない。（　　）
28 しかられても致し方ない。（　　）
29 みんなより五分遅れて出発した。（　　）
30 雑踏にまぎれて行方不明になった。（　　）
31 今朝は珍しく早起きした。（　　）
32 川の堤にたんぽぽが咲く。（　　）
33 渡り*に船の話に飛びつく。（　　）
34 幕府が倒れて明治になる。（　　）
35 曇り空で薄ら*寒い一日だった。（　　）
36 彼女は疲れ顔で元気がない。（　　）
37 参道に玉砂利（じゃり）を敷く。（　　）
38 年と共に白髪も増えてきた。（　　）
39 なだらかな山の峰伝いに歩く。（　　）
40 相手の矛先*をうまくかわす。（　　）

41 すずめ百まで踊り忘れず。（　　）
42 台風は各地に損害を与えた。（　　）
43 粒*よりの選手でチームを作る。（　　）
44 兄は涙ぐましい努力で合格した。（　　）
45 送金は為替*でお願いします。（　　）
46 カモメ舞う波止場の風景だ。（　　）
47 秋の夕日に照る山紅葉。（　　）
48 妹は明るくて朗らかだ。（　　）
49 名に恥じ*ない立派な態度だ。（　　）
50 最寄りの駅まで歩いて五分です。（　　）

ワンポイント

2 島影＝島の姿のこと。
8 及ぼす＝行きわたらせる。
33 渡りに船＝好都合なこと。
35 薄ら寒い＝なんとなく寒い。
40 矛先＝攻撃や批判の方向。
43 粒より＝多くのものの中からよいものを選び出す。
45 為替＝現金の代わりの書き付け。またその方法。
49 恥じない＝はずかしくない。

漢字力がつく 同じ漢字でいろいろな読み方をするものがある。

例 雨（雨（あめ）・春雨（はるさめ）・五月雨・梅雨（つゆ）・時雨） 行（行（い）く・行（おこな）う・行列（ぎょうれつ）・旅行（りょこう）・行脚（あんぎゃ）・行方）

9 漢字の読み（漢字識別）①

——同じ漢字を用いた熟語をまとめて覚えておこう

合格	もう一歩	がんばれ	得点
(40〜28)	(27〜21)	(20〜)	

● 次の1〜5の三つの□に共通する漢字を入れて熟語を作れ。漢字は下のア〜コから選び、記号を（　）の中に記せ。

(1)
1 □点・□則・□金（　）
2 □角・□利・精□（　）
3 □身・路□・□車（　）
4 相□・□反・□憲（　）
5 □言・□受・□味（　）

ア 異　イ 違　ウ 肩　エ 原　オ 進　カ 鋭　キ 頭　ク 罰　ケ 甘　コ 鈍

(2)
1 後□・□出・年□（　）
2 □売・□路・市□（　）
3 □曲・歌□・童□（　）
4 □細・不□・□報（　）
5 高□・樹□・適□期（　）

ア 齢　イ 輩　ウ 精　エ 買　オ 謡　カ 温　キ 販　ク 戯　ケ 進　コ 詳

(3)
1 太□・□舞・□動（　）
2 □体・□現・敬□（　）
3 □雲・地□・□鳴（　）
4 □決・□明・談□（　）
5 熱□・鮮□・猛□（　）

ア 層　イ 血　ウ 鼓　エ 具　オ 烈　カ 平　キ 裁　ク 雷　ケ 胴　コ 判

(4)
1 確□・□心・□行（　）
2 志□・本□・□郷（　）
3 □財・貯□・備□（　）
4 □火・□煙・□霧器（　）
5 威□・□礼・地球□（　）

ア 噴　イ 砲　ウ 蓄　エ 願　オ 信　カ 資　キ 儀　ク 望　ケ 執　コ 厳

(5)

□ 1 苦□・不□・熟□ （　　）
□ 2 □翼・首□・□根 （　　）
□ 3 □力・□圧・爆□ （　　）
□ 4 道□・極□・突□ （　　）
□ 5 障□・白□・絶□ （　　）

ア 腕	ウ 理	オ 壁	キ 主	ケ 端
イ 弾	エ 害	カ 慮	ク 言	コ 尾

(6)

□ 1 追□・□破・襲□ （　　）
□ 2 □道・□装・店□ （　　）
□ 3 □災・強□・□幅 （　　）
□ 4 波□・普□・□第 （　　）
□ 5 切□・□力・気□ （　　）

ア 動	ウ 実	オ 撃	キ 歩	ケ 迫
イ 震	エ 及	カ 防	ク 舗	コ 突

(7)

□ 1 □出・□発・指□ （　　）
□ 2 □形・□子・舞□ （　　）
□ 3 □目・□勤・□無 （　　）
□ 4 圧□・□壊・傾□ （　　）
□ 5 □状・告□・起□ （　　）

ア 訴	ウ 倒	オ 惨	キ 摘	ケ 網
イ 演	エ 縮	カ 皆	ク 原	コ 扇

(8)

□ 1 □着・□情・□味 （　　）
□ 2 繁□・生□・□産 （　　）
□ 3 姿□・英□・□弁 （　　）
□ 4 □妙・機□・□細 （　　）
□ 5 □力・□章・□自慢 （　　）

ア 茂	ウ 執	オ 腕	キ 愛	ケ 雄
イ 殖	エ 勇	カ 薄	ク 微	コ 奇

漢字力がつく

ここで必要とされるのは、熟語の力である。日ごろから、生活の中で接する熟語の意味をつかみ、確実に身につけているかどうかが、問われる。

10 漢字の読み（漢字識別）②

――一つの結びつきだけで即断しないこと

合格	もう一歩	がんばれ	得点
(40～28)	(27～21)	(20～)	

● 次の1～5の三つの□に共通する漢字を入れて熟語を作れ。漢字は下のア～コから選び、記号を（ ）の中に記せ。

(1)

1 □感・□速・鋭□（ ）
2 □悪・□人・世□（ ）
3 呼□・□号・対□（ ）
4 □争・奮□・□志（ ）
5 □上・□限・積□的（ ）

ア 称　イ 競
ウ 劣　エ 途
オ 極　カ 俗
キ 闘　ク 応
ケ 快　コ 敏

(2)

1 □正・□非・□認（ ）
2 □進・□選・丹□（ ）
3 情□・□旨・□味（ ）
4 水□・□作・□妻（ ）
5 用□・中□・□絶（ ）

ア 量　イ 賀
ウ 精　エ 稲
オ 景　カ 途
キ 耕　ク 躍
ケ 趣　コ 是

(3)

1 □放・注□・□然（ ）
2 短□・□剣・小□（ ）
3 太□・□吹・□笛（ ）
4 □喜・発□・□乱（ ）
5 □下・起□・寝□（ ）

ア 縮　イ 床
ウ 釈　エ 歓
オ 却　カ 狂
キ 刀　ク 解
ケ 務　コ 鼓

(4)

1 □拠・□領・独□（ ）
2 □流・□音・混□（ ）
3 記□・登□・連□（ ）
4 無□・□側・絶□（ ）
5 □益・□害・□頂天（ ）

ア 清　イ 録
ウ 利　エ 載
オ 縁　カ 根
キ 憶　ク 濁
ケ 有　コ 占

漢字力がつく

与えられた熟語の一字をヒントに、知っている熟語を思い出し、その字がほかの二つの熟語にもあてはまるかどうかを確認しよう。

(5)

1 □技・奇□・神□
2 □角・感□・接□
3 □送・運□・□入
4 □泊・枯□・冷□
5 □蓄・包□・□有

ア 搬　イ 触
ウ 特　エ 宿
オ 鋭　カ 備
キ 妙　ク 含
ケ 淡　コ 配

(6)

1 □重・□担・集□
2 波□・□章・□様
3 噴□・□突・□幕
4 発□・□骨・□出
5 破□・断□・□棒

ア 損　イ 煙
ウ 片　エ 水
オ 慎　カ 露
キ 生　ク 荷
ケ 紋　コ 頭

(7)

1 平□・□人・非□
2 承□・□識・黙□
3 投□・□絵・陰□
4 優□・□勢・□等感
5 対□・□争・抵□

ア 抗　イ 定
ウ 票　エ 認
オ 劣　カ 戦
キ 凡　ク 影
ケ 越　コ 知

(8)

1 □御・堤□・□腐剤
2 □放・強□・□快
3 □動・不□・□興
4 □撃・猛□・□略
5 □奏・□雪・鼓□

ア 追　イ 襲
ウ 吹　エ 防
オ 制　カ 豪
キ 演　ク 攻
ケ 騒　コ 振

11 漢字の読み（漢字識別）③

――まぎらわしい選択肢に注意しよう

合格（40〜28）　もう一歩（27〜21）　がんばれ（20〜　）　得点

● 次の1〜5の三つの□に共通する漢字を入れて熟語を作れ。漢字は下のア〜コから選び、記号を（　）の中に記せ。

(1)
1 □道・□弱・□和（　）
2 □気・緑□・光□（　）
3 □張・□大・□示（　）
4 □与・月□・天□（　）
5 極□・筆□・□命傷（　）

ア 致　イ 強　ウ 拡　エ 賦　オ 陰　カ 限　キ 給　ク 柔　ケ 誇　コ 剣

(2)
1 □角・□感・□痛（　）
2 行□・無□・□替（　）
3 規□・□型・□造（　）
4 不□・状□・実□（　）
5 □色・淡□・水□画（　）

ア 則　イ 鋭　ウ 為　エ 脚　オ 態　カ 況　キ 彩　ク 政　ケ 鈍　コ 模

(3)
1 空□・□外・□干（　）
2 □査・舞□・□破（　）
3 失□・□力・即□（　）
4 □回・□業・□礼（　）
5 霧□・時□・五月□（　）

ア 襲　イ 転　ウ 巡　エ 効　オ 敗　カ 踏　キ 検　ク 笛　ケ 欄　コ 雨

(4)
1 □税・□収・象□（　）
2 新□・□明・□血（　）
3 筆□・毒□・□戦（　）
4 振□・大□・□肩（　）
5 箇□・□描・□顔（　）

ア 圧　イ 曲　ウ 単　エ 動　オ 徴　カ 鮮　キ 舌　ク 納　ケ 素　コ 幅

漢字力がつく

三つの□に共通する漢字は、4級配当漢字から出題されることが多い。一つの漢字から熟語が思い出せるようにしておこう。

(5)

1 路□・□線・□受 （　　）
2 □新・変□・□正 （　　）
3 捕□・□物・浸□ （　　）
4 □護・□抱・魚□類 （　　）
5 気□・□真・□害 （　　）

ア 介　イ 迫　ウ 獲　エ 援　オ 更　カ 曲　キ 傍　ク 革　ケ 圧　コ 食

(6)

1 拡□・□漫・□髪 （　　）
2 遺□・奇□・筆□ （　　）
3 離□・□皮・□線 （　　）
4 □細・機□・□粒子 （　　）
5 □賞・□定・印□ （　　）

ア 授　イ 詳　ウ 鑑　エ 散　オ 跡　カ 縁　キ 張　ク 影　ケ 脱　コ 微

(7)

1 歌□・□踊・□台 （　　）
2 専□・□績・早□ （　　）
3 □点・論□・典□ （　　）
4 □手・□子・□車 （　　）
5 □境・□権・繰□金 （　　）

ア 国　イ 拍　ウ 業　エ 視　オ 握　カ 越　キ 唱　ク 売　ケ 舞　コ 拠

(8)

1 追□・□測・記□ （　　）
2 □説・□力・□遊 （　　）
3 □音・□煮・□多 （　　）
4 □悪・元□・□作 （　　）
5 □力・無□・理不□ （　　）

ア 騒　イ 突　ウ 憶　エ 解　オ 罪　カ 凶　キ 尽　ク 効　ケ 浮　コ 雑

12 書き取り（誤字訂正）① ——前後の文脈を読み取り、同音・同訓異字に気をつけよう

合格	もう一歩	がんばれ
(40～28)	(27～21)	(20～)

得点

● 次の各文には使い方のまちがった同音・同訓の漢字が一字ずつある。上の〔 〕に誤字を抜き出し、下の（ ）に正しい漢字を記せ。

□ 1 古代の偉跡から鮮やかな色彩の壁画が当時のままの姿で発掘された。〔 〕（ ）

□ 2 中学生を対称にした国語辞典を学校の近くの書店で探し求めた。〔 〕（ ）

□ 3 夏期休暇を利用して海外へ旅立つ若者が毎年殖えている。〔 〕（ ）

□ 4 新しく社長が就任し経営方針を検当する会議が開かれた。〔 〕（ ）

□ 5 停迷していた景気がようやく回復の兆候を見せ始めた。〔 〕（ ）

□ 6 彼は正義感が非常に強く不正にも勇気を震って立ち向かう。〔 〕（ ）

□ 7 大陸から異動した高気圧の影響で明日の遠足には絶好の天候が予想される。〔 〕（ ）

□ 8 新しく建設される競技場は十万人の観客を収用できるそうだ。〔 〕（ ）

□ 9 道路の復旧工事が進み被災地への仕援物資の輸送が始まる。〔 〕（ ）

□ 10 激しい風で荷物が跳ばされないように自転車を押して注意深く歩いた。〔 〕（ ）

□ 11 社長が率先推範することによって社員の仕事への意欲が向上した。〔 〕（ ）

□ 12 長年の特訓を受け驚威的な世界記録を樹立し歴史に名を残した。〔 〕（ ）

□ 13 間違いは素直に認めて直ちに誤る態度をつねにもちたいものだ。〔 〕（ ）

□ 14 人工飼育後に放鳥されたコウノトリの自然繁殖が期対される。〔 〕（ ）

□ 15 決勝戦では自己の能力を存分に発起できるようがんばりたい。〔 〕（ ）

□ 16* 断がい絶壁に追いつめられてもはや絶対絶命のピンチだ。〔 〕（ ）

□ 17 周到な準備を整え細心の注意をはらって念願の富士山頂を究めた。〔 〕（ ）

□ 18* 議案は質疑応答のあと採決に入り万場一致で可決された。〔 〕（ ）

□ 19 彼は頭脳にすぐれ適切な判断力と実行力で偉彩を放っている。〔 〕（ ）

□ 20 放置していた虫歯が悪化して知療に予想外の費用がかかった。〔 〕（ ）

21 どんな困難な状態にあっても理想を追及する姿勢をくずさないことだ。 （　）（　）

22 俳句の季語を季節ごとに分類・回説して例句を載せたものを歳時記という。 （　）（　）

23 悪徳業者などの違法な裁取などで希少な野生植物が減少している。 （　）（　）

24 物事を先入観や憶側で判断すると失態を演じることがある。 （　）（　）

25 家を改築するために借りたお金は月賦で返載する計画だ。 （　）（　）

26 過半数の賛成を獲ることができなければ立派な計画でも実行不可能である。 （　）（　）

27 全国大会出場を目標に陣容を強加し技能の向上を図る決意だ。 （　）（　）

28 会社の事業を長期的に発展させるため販路の較張に尽力したい。 （　）（　）

29 検討の段階では多様な意見に耳を傾け性急な範断は避ける。 （　）（　）

30 高速道路沿いの住民を自動車の騒音から守るために防音壁を設致した。 （　）（　）

31 弁論大会で終始なめらかな句調で発表し万雷の拍手を浴びる。 （　）（　）

---

32 被害は広範位に及んでおり事態の深刻さは想像以上だ。 （　）（　）

33 河川の汚濁を防止するため工場はい水の規制や下水道の整備をおし勧める。 （　）（　）

34 音響効果を試す実験に霧中になり時間のたつのを忘れる。 （　）（　）

35 宇宙開発の研究に世界の人々が注目しその成価に期待している。 （　）（　）

36 病気で寝込んでいる母親に変わって長女が家事をしている。 （　）（　）

37 学者の見解は憲威がありその評論に人々の注目が集まる。 （　）（　）

38 街頭で湖の干拓に反対する処名を通行人に呼びかけている。 （　）（　）

39 高校の大物選手を獲特するため活躍の情報を細かに集める。 （　）（　）

40 理屈で物を考えるよりも直感で判断する方が的を居ている場合がある。 （　）（　）

ワンポイント

16 絶タイ絶命＝追いつめられてのがれられない場合や立場。
18 マン場一致＝その場にいる人全部が同じ意見でまとまること。

漢字力がつく

設問は二〇～三〇字くらいの短文の中から、誤字を探し出す形式になっている。誤字は一字だけで、音読みの熟語の内の一字に、まちがった漢字が使われているものが多い。

13 書き取り（誤字訂正）②

——訂正を必要としない漢字や熟語の確認も大切

合格	もう一歩	がんばれ	得点
(40〜28)	(27〜21)	(20〜　)	

● 次の各文には使い方のまちがった同音・同訓の漢字が一字ずつある。上の［　］に誤字を抜き出し、下の（　）に正しい漢字を記せ。

□ 1 打ち上げた人工衛生から恒星の映像が鮮明に送られてきた。［　］（　）

□ 2 貴重な経験に元づく講演者の話は興味深く得るところも大きかった。［　］（　）

□ 3 公共の建造物の内部での鋭利行為には事前の許可が必要である。［　］（　）

□ 4 選手団の堂々たる行進に大観集は盛んな声援を送った。［　］（　）

□ 5 梅雨期の集中豪雨に供えて堤防の補強工事をしている。［　］（　）

□ 6 合宿では六時に気床し健康状態を点検して体操と朝礼を行う。［　］（　）

□ 7 落ち葉などでおおわれた森林の表土は雨水を給収して水害を防いでいる。［　］（　）

□ 8 父の苦労を押しはかると自転車を買ってほしいと無理は言えなかった。［　］（　）

□ 9 生徒を引卒して陸上競技の記録会に参加し好成績を収める。［　］（　）

□ 10 鮮やかな紅色の夕日が湖面を美しく初めている風景をながめる。［　］（　）

□ 11 反対を押し切り裁決を強行したので議会は混乱して収拾がつかなくなった。［　］（　）

□ 12 外国の代表を護営するため特別の警戒体制がしかれることになった。［　］（　）

□ 13 市民が待望していた演奏会場は舞台が広く音楽好果が抜群によい。［　］（　）

□ 14 自信のあった研究発表も演台に立つと気遅れして話ができなくなった。［　］（　）

□ 15 大気汚染による温暖化の現象は人類に深告な影響を及ぼす。［　］（　）

□ 16 消費者は商品の価画だけでなく安全性にも関心を持っている。［　］（　）

□ 17 新しい仕事に付いたが勝手が違い想像以上に能率が上がらない。［　］（　）

□ 18 従来の営業部の組織を刷新して大幅に改較することになった。［　］（　）

□ 19 選挙は国民が政治に参加する重要な機会で民主主義の根鑑をなすものだ。［　］（　）

□ 20 父は交際範囲が大変広く休日にはわが家に耐えず訪問客がある。［　］（　）

21 生命、自由および幸福の追求は国民の権理として国政の上で尊重される。（　　）（　　）

22 古都の景観保全のために、ビルなどの建造物の高さを制元する。（　　）（　　）

23 各国が連体して地球環境問題の解決を目指す会議は正念場を迎えた。（　　）（　　）

24 白雪を頂いた気高く端正な富士の雄志が静かな湖面に影を映していた。（　　）（　　）

25 世界の頂点に立つことを目標に研究を重ねたが、結局途労に終わった。（　　）（　　）

26 日ごろの猛練習によって実力を十分に蓄え、優勝の映誉を獲得した。（　　）（　　）

27 高打律を維持している要因は相手の球種を素早く読む集中力にある。（　　）（　　）

28 臓器移植法の適用による手術を最初に受けた人が社会復起を果たした。（　　）（　　）

29 不規則な食事や栄養のかたよりによる生活習感病の増加が問題になっている。（　　）（　　）

30 幕末には、諸外国の船が沿岸に現れて水や食料を求め、交益を要求した。（　　）（　　）

31 社員が一眼となって再建に取り組んだ結果、会社の業績は回復した。（　　）（　　）

32 噴火活動が沈整化に向かい、災害再発の恐れが遠のいたと気象庁は発表した。（　　）（　　）

33 列車が大幅に遅延して到着駅の清算窓口で特急料金の払いもどしを受けた。（　　）（　　）

34 通行の迷惑となる駅周辺道路などの抱置自転車を取りしまる。（　　）（　　）

35 相手の出方や、その場の状況に待応して適切な処置を講じる。（　　）（　　）

36 議論百出で一時騒然としたが議長の採量で議事日程は順調に消化された。（　　）（　　）

37 本人の確認に今は暗唱番号を使うが、将来は指紋や声紋になるだろう。（　　）（　　）

38 のど自慢出場の最終予戦が公会堂で行われ、大勢の人が参加した。（　　）（　　）

39 時間切れ直前の激的なゴールの瞬間、サッカー場は大歓声に包まれた。（　　）（　　）

40 国際化・情報化の時代にあって多用な民族と文化を認め合う社会を築く。（　　）（　　）

ワンポイント

漢字には同音や同訓のものが多く、字形のよく似たものや意味の近いものなどもあり、複雑になっているので慎重さが必要。

漢字力がつく

誤字訂正に使われる例文は、漢字・熟語が多い文章、つまり論文的なかたい文である。これに慣れるために利用したいのが新聞である。

14 書き取り（同音・同訓異字）①

——言葉の意味を正しく理解し、使い方をチェックしよう

合格（39〜27）　もう一歩（26〜20）　がんばれ（19〜　）　得点

● 次の——線のカタカナにあてはまる漢字を、それぞれのア〜オから選び、記号を（　）の中に記せ。

1 極地に近づくほどイ度は高くなる。（　）
2 多くの資源を外国にイ存している。（　）
3 芸能界でイ彩を放つ。（　）
（ア 偉　イ 緯　ウ 異　エ 為　オ 依）

4 清流の川底がスけて見える。（　）
5 出来上がった木版画をスり上げた。（　）
6 月賦の支払いがスんだのでほっとした。（　）
（ア 済　イ 素　ウ 刷　エ 透　オ 過）

7 建築でソウ音対策に留意する。（　）
8 原本にソウ違ないことを認める。（　）
9 天地ソウ造の神話を読む。（　）
（ア 創　イ 相　ウ 装　エ 燥　オ 騒）

10 庭一面に雑草がハン茂する。（　）
11 救急車で病院にハン送する。（　）
12 先生が率先して模ハンを示す。（　）
（ア 繁　イ 範　ウ 搬　エ 犯　オ 版）

13 いつまでも心にトまる思い出がある。（　）
14 今夜はひなびた旅館にトまる。（　）
15 粉ミルクをお湯でトかす。（　）
（ア 泊　イ 解　ウ 留　エ 溶　オ 止）

16 コウ天にもかかわらず出発した。（　）
17 部屋中甘いコウ気がただよう。（　）
18 吹き出物にはコウ生物質が効く。（　）
（ア 抗　イ 項　ウ 攻　エ 香　オ 荒）

19 日本列島を南から北まで**トウ**破する。
20 あまりに**トウ**突な話なのでびっくりした。
21 圧**トウ**的多数で議案が可決された。
(ア 唐　イ 到　ウ 倒　エ 逃　オ 踏)

22 減税で有権者の**カン**＊心を買う。
23 衆人**カン**＊視の中でほめられる。
24 やぐらの上から遊泳者を**カン**＊視する。
(ア 勧　イ 歓　ウ 環　エ 監　オ 鑑)

25 岩が海水に**シン**食されている。
26 成績不**シン**で悩んでいる。
27 突然他国の軍隊に**シン**略された。
(ア 針　イ 振　ウ 寝　エ 侵　オ 浸)

28 **カイ**目見当がつかない。
29 運動会は**カイ**晴に恵まれた。
30 地震で建物が倒**カイ**した。
(ア 皆　イ 介　ウ 快　エ 壊　オ 戒)

31 仕事の**コウ**率を上げるための工夫が必要。
32 身分証明書を毎年**コウ**新する。
33 年末**コウ**例の行事に参加する。
(ア 効　イ 恒　ウ 項　エ 功　オ 更)

34 抜群の演技に**キョウ**嘆した。
35 各方面に多大の影**キョウ**を与えた。
36 現場からの実**キョウ**中継だ。
(ア 響　イ 況　ウ 叫　エ 驚　オ 恐)

37 新**セン**な野菜が入荷した。
38 技術改良の研究に**セン**念する。
39 **セン**動されて暴徒と化した。
(ア 扇　イ 鮮　ウ 占　エ 専　オ 宣)

ワンポイント
22 カン心を買う＝機嫌(きげん)をとって気に入られようとする。
23 衆人カン視＝大勢の者が周りを取り巻いて見ること。
24 カン視＝気を付けて見守ること。

漢字力がつく 同音・同訓異字を判別するには一字一字の漢字の意味を正しく理解し、文の中での使い分けが大切である。

15 書き取り（同音・同訓異字）②

――同音・同訓の漢字を比べ、意味・用法のちがいを考えよう

合格	もう一歩	がんばれ
(39～27)	(26～20)	(19～)

得点

● 次の――線のカタカナにあてはまる漢字を、それぞれのア～オから選び、記号を（　）の中に記せ。

1 父のエン故を頼って入社する。（　）*
2 試合はエン長戦にもつれ込んだ。（　）
3 車窓からエン線の風景を眺める。（　）
（ア 演　イ 鉛　ウ 延　エ 縁　オ 沿）

4 人は自然の恩ケイを受けて生きる。（　）
5 事件に至ったケイ緯を説明した。（　）
6 ケイ斜の急な坂道を登る。（　）
（ア 経　イ 恵　ウ 継　エ 傾　オ 径）

7 原案について決をトる。（　）
8 片足でみぞをトび越えた。（　）
9 交代で会社にトまる。（　）
（ア 取　イ 跳　ウ 泊　エ 留　オ 採）

10 好キ心をそそられる話だ。（　）
11 母校の光キある伝統を受けつぐ。（　）*
12 入場行進の指キをとる。（　）
（ア 揮　イ 規　ウ 奇　エ 輝　オ 貴）

13 真ケンな表情で見つめる。（　）
14 二つの仕事をケン務する。（　）
15 自分の信念をケン持する。（　）*
（ア 堅　イ 剣　ウ 圏　エ 険　オ 兼）

16 ジン常の手段では解決しにくい。（　）*
17 ようやく攻撃のジン容が整った。（　）
18 災害の復興にジン力する。（　）
（ア 仁　イ 陣　ウ 神　エ 尋　オ 尽）

19 体力に**テキ**応した距離を歩く。（　）（　）
20 予想問題が**テキ**中した。（　）（　）
21 幾つかの問題点が指**テキ**された。（　）（　）
（ア 摘　イ 適　ウ 笛　エ 敵　オ 的）

22 長男が家業を**ツ**ぐことになった。（　）（　）
23 選ばれて会長の任に**ツ**いた。（　）（　）
24 相手の弱点を**ツ**いて逆転する。（　）（　）
（ア 就　イ 付　ウ 継　エ 突　オ 着）

25 功労者に感謝状が授**ヨ**された。（　）（　）
26 計画は**ヨ**儀なく中止された。（　）（　）
27 名**ヨ**ある受賞を喜ぶ。（　）（　）
（ア 余　イ 預　ウ 予　エ 誉　オ 与）

28 前**ト**を祝して乾杯する。（　）（　）
29 観衆の中から**ト**息がもれた。*（　）（　）
30 仏教は六世紀に**ト**来した。（　）（　）
（ア 徒　イ 途　ウ 渡　エ 都　オ 吐）

31 吹雪のために消息を**タ**つ。（　）（　）
32 重圧に**タ**えて偉業を成しとげた。（　）（　）
33 束ねた髪を後ろへ**タ**らす。（　）（　）
（ア 断　イ 建　ウ 絶　エ 耐　オ 垂）

34 外国からの電波を**ボウ**受する。（　）（　）
35 おじの博識には脱**ボウ**した。（　）（　）
36 流行性感**ボウ**で欠席者が増える。（　）（　）
（ア 暴　イ 冒　ウ 帽　エ 忙　オ 傍）

37 容姿端**レイ**な人を見かけた。（　）（　）
38 日本は高**レイ**化社会だ。*（　）（　）
39 美しい**レイ**書体の文を読む。（　）（　）
（ア 礼　イ 令　ウ 齢　エ 麗　オ 隷）

ワンポイント

1 エン故＝人とのかかわり合い。
11 光キ＝かがやき。ほまれ。
15 ケン持＝守り持ちこたえる。
16 ジン常＝ふつう。当たり前。
29 ト息＝思わず出す大きな息。
39 レイ書＝漢字の書体の一つ。

漢字力がつく　同訓異字の問題を解くこつは、文の内容からその漢字を含む**熟語**を思い出して、そこから逆に**漢字の意味**を推量することである。

16 書き取り（同音・同訓異字）③

——文脈を読み取って解答の見当をつけよう

合格	もう一歩	がんばれ	得点
(39〜27)	(26〜20)	(19〜)	

● 次の——線のカタカナにあてはまる漢字を、それぞれのア〜オから選び、記号を（　）の中に記せ。

1 優秀な人材をハイ出している。（　）
2 不覚にも苦ハイをなめた。*（　）
3 不意にハイ後から襲われた。（　）
（ア 杯　イ 背　ウ 敗　エ 配　オ 輩）

4 過重な業務にヒ鳴をあげる。（　）
5 戦争回ヒの努力をする。（　）
6 幸いにしてヒ害はなかった。（　）
（ア 被　イ 疲　ウ 避　エ 悲　オ 彼）

7 深呼キュウをして気持ちを整える。（　）
8 後生に残る不キュウの名作である。*（　）
9 壊れた橋の復キュウ工事が始まる。（　）
（ア 及　イ 吸　ウ 救　エ 朽　オ 旧）

10 役割を分タンして取り組んだ。（　）
11 すばらしい出来ばえに驚タンした。（　）
12 立ち居ふるまいのタン正な人だ。*（　）
（ア 嘆　イ 端　ウ 淡　エ 探　オ 担）

13 オクり物として花束を選んだ。（　）
14 約束の時間にオクれてしまった。（　）
15 心遣いのオクゆかしい人だ。（　）
（ア 後　イ 贈　ウ 遅　エ 送　オ 奥）

16 見るからにジョウ夫そうである。（　）
17 八ジョウの部屋に客を通す。（　）
18 このままでは失敗は必ジョウだ。（　）
（ア 畳　イ 条　ウ 状　エ 丈　オ 定）

19 討論が終わってサイ決に入った。（　）
20 難民救サイの事業に参加する。（　）
21 楽しい読み物を満サイしている。（　）
（ア 採　イ 彩　ウ 裁　エ 済　オ 載）

22 さなぎがウ化して成虫になった。（　）
23 経験のウ無は問いません。（　）
24 事故現場はウ往左往の大騒ぎだ。（　）
（ア 右　イ 羽　ウ 宇　エ 雨　オ 有）

25 勝利を得てユウ越感に浸っている。（　）
26 海外ユウ*飛の計画を実現した。（　）
27 小包にしてユウ送した。（　）
（ア 友　イ 遊　ウ 郵　エ 雄　オ 優）

28 のび放題だった庭の草をカった。（　）
29 カりに出かけて鳥をしとめた。（　）
30 馬をカって荒野を行く。（　）
（ア 駆　イ 刈　ウ 借　エ 枯　オ 狩）

31 臨ショウ*心理学を勉強した。（　）
32 事件の経緯をショウ細に説明した。（　）
33 座敷のショウ子をはりかえる。（　）
（ア 床　イ 承　ウ 称　エ 詳　オ 障）

34 今朝は六時に目がサめた。（　）
35 寒風がはだをサすようだ。（　）
36 とっさの判断で危険をサけた。（　）
（ア 指　イ 刺　ウ 避　エ 差　オ 覚）

37 相手の気持ちをオし量る。（　）
38 耳をオさえて聞こうともしない。（　）
39 重大な責任をオわされた。（　）
（ア 推　イ 追　ウ 押　エ 終　オ 負）

ワンポイント

2 苦ハイ＝苦しい経験。
8 不キュウ＝後世まで残ること。
12 タン正＝きちんとしている。
26 ユウ飛＝意気盛んに活動する。
31 臨ショウ＝実際に病人に接して治すこと。

漢字力がつく 出題範囲は、読みと同様に4級配当漢字の三一六字を含む一三二二字だが、高校で習う漢字は出題範囲に入らない。

17 書き取り（音読み）①

ハネ・ハライ・トメ・方向などを正確に書くくせをつけよう

よく出る

合格	もう一歩	がんばれ	得点
(50〜35)	(34〜26)	(25〜　)	

● 次の――線のカタカナを漢字に直せ。

□ 1 走る**ジョウキ**機関車を写真にとる。（　　）
□ 2 努めて書道に**ショウジン**＊する。（　　）
□ 3 **ジュンパク**のドレスに身を包む。（　　）
□ 4 心を込めて手厚く**カンゴ**する。（　　）
□ 5 自ら**ボケツ**＊を掘ってしまった。（　　）
□ 6 大会で世界記録を**ジュリツ**した。（　　）
□ 7 事件を**メンミツ**に調べ上げた。（　　）
□ 8 ご**ショモウ**＊の品が入荷しました。（　　）
□ 9 長期的**シヤ**に立って考える。（　　）
□ 10 実力を**ハッキ**して入賞した。（　　）
□ 11 **コクモツ**を倉庫で保管する。（　　）
□ 12 元気な子馬が**タンジョウ**した。（　　）
□ 13 美しい娘はつるの**ケシン**だった。（　　）

□ 14 地図と**ジシャク**を頼りに山を歩く。（　　）
□ 15 新しい機械の**ソウサ**に習熟した。（　　）
□ 16 彼は名の知れた**ドクゼツ**家だ。（　　）
□ 17 痛烈な**ヒハン**を受ける。（　　）
□ 18 川の**リュウイキ**に水田が広がる。（　　）
□ 19 父の**イシ**を継いで家業にはげむ。（　　）
□ 20 鉄道の**エンセン**にリンゴ園が続く。（　　）
□ 21 駅前広場を**カクチョウ**する。（　　）
□ 22 久しぶりに**キョウリ**に帰る。（　　）
□ 23 暴風**ケイホウ**が発令される。（　　）
□ 24 彼は**キンコツ**たくましい青年だ。（　　）
□ 25 感想を**カンケツ**に書く。（　　）
□ 26 **コウテツ**は船や車などに使われる。（　　）

27 休日の**ゲキジョウ**は満員だ。（　　）

28 この事件には**イッサイ**関係がない。（　　）

29 厳しい訓練で*****コンジョウ**をつける。（　　）

30 相手の気持ちを**スイサツ**する。（　　）

31 この辺りは**ヨウサン**業がさかんだ。（　　）

32 人を*****チュウショウ**してはいけない。（　　）

33 地震のため道路は**スンダン**された。（　　）

34 冬に備えて野菜を**チョゾウ**する。（　　）

35 **ウチュウ**の開発はめざましい。（　　）

36 武士は**チュウギ**を重んじる。（　　）

37 小説家が**チョサク**にふける。（　　）

38 左右の安全を**カクニン**して渡る。（　　）

39 今年の夏は**イジョウ**な暑さだった。（　　）

40 道路の**ホシュウ**工事をしている。（　　）

41 夏休みに友達の家を**ホウモン**した。（　　）

42 本日は**リンジ**休業いたします。（　　）

43 **ケイソツ**な行動は慎みましょう。（　　）

44 講堂で生徒の作品を**テンラン**する。（　　）

45 会費は小為替で**ユウソウ**する。（　　）

46 古代の壁画を**モシャ**する。（　　）

47 我を忘れて応援に**ムチュウ**になる。（　　）

48 あの事件は**メイキュウ**入りだ。（　　）

49 名人戦は詰めの**ダンカイ**に入った。（　　）

50 しばらくは**オンダン**な気候が続く。（　　）

ワンポイント

2 ショウジン＝一つのことに心を入れて努めはげむ。
5 ボケツを掘る＝自分がだめになったりするもとを自分で作る。
8 ショモウ＝欲しいと望む。
29 コンジョウ＝物事をやりぬこうとする強い心。
32 チュウショウ＝人を悪く言って傷つけること。

漢字力がつく **漢字の覚え方①** よく似た漢字を比べて覚えること。（例 復習・復興／複雑・複製／中腹・腹案）

18 書き取り（音読み）②

——書き取りの出題範囲は小学校6年までの配当漢字

よく出る

合格（50～35） もう一歩（34～26） がんばれ（25～　）

得点

● 次の——線のカタカナを漢字に直せ。

1 鉄道ウンチンの改定があった。（　　）
2 相当にフタンの重い仕事だ。（　　）
3 人々のソンケイを一身に集めている。（　　）
4 仲間が集まって雑誌をソウカンした。（　　）
5 ヘビはカエルのテンテキである。（　　）
6 まず情報のシュウシュウから始める。（　　）
7 布団をアッシュクしてまとめる。（　　）
8 大事な話なのでロクオンした。（　　）
9 シンゾウが高鳴る思いをした。（　　）
10 やっと合格できてホンモウだ。（　　）
11 キチョウな時間をむだにする。（　　）
12 エンゲキ部の発表会をする。（　　）
13 趣味の園芸に*センネンしている。（　　）
14 時代の*チョウリュウが大きく変化する。（　　）
15 ヨウイに解決できる問題ではない。（　　）
16 幾多のナンカンを次々と突破した。（　　）
17 少々のキケンは意に介さない。（　　）
18 職場ではキリツを正しく守る。（　　）
19 大キボ農場を営んでいる。（　　）
20 学園祭のカソウ行列に参加した。（　　）
21 神社に必勝祈願のサンパイをする。（　　）
22 家族全員でガッソウを楽しんでいる。（　　）
23 ジュンビは今日中に終わります。（　　）
24 町内会の会長にシュウニンした。（　　）
25 選手としてのテキセイを備えている。（　　）
26 みんなで真剣にトウギを続けた。（　　）

□ 27 後片付けは**シゴク***当たり前のことだ。（　　　）

□ 28 無回答は**ジョガイ**して集計する。（　　　）

□ 29 **キショウ**の荒い犬です。（　　　）

□ 30 隣国との**ドウメイ**を結ぶ。（　　　）

□ 31 自分の権利を**シュチョウ**する。（　　　）

□ 32 アルコールは透明な**エキタイ**である。（　　　）

□ 33 円の**チョッケイ**をはかる。（　　　）

□ 34 作業現場での**タイサク**を練る。（　　　）

□ 35 経費をできるだけ**セツゲン***する。（　　　）

□ 36 遊園地で**カンラン**車に乗った。（　　　）

□ 37 **ナイカク**の改造が行われた。（　　　）

□ 38 ピアノの発表会に**ショウタイ**された。（　　　）

□ 39 街頭で**ショメイ**運動をした。（　　　）

□ 40 地球の**シゲン**を大切にしよう。（　　　）

□ 41 早起きの**シュウカン**をつける。（　　　）

□ 42 借金をすべて**ヘンサイ**する。（　　　）

□ 43 住職が寺の**ユライ**を話してくれた。（　　　）

□ 44 **コウソウ**建築が林立している。（　　　）

□ 45 局面は**コンメイ***の度を深めてきた。（　　　）

□ 46 **ドクソウ**的な演出をする人だ。（　　　）

□ 47 土俵上を**ジュウオウ**に動き回る。（　　　）

□ 48 出場決定の朗報に**コウフン**した。（　　　）

□ 49 感動的な詩の**ロウドク**だった。（　　　）

□ 50 **ホウフ**な話題の持ち主です。（　　　）

ワンポイント

13 センネン＝集中してそのことだけにはげむこと。

14 チョウリュウ＝世の中の動き。

27 シゴク＝この上もないこと。

35 セツゲン＝使用量をきりつめて減らすこと。

45 コンメイ＝物事が入りくんで見通しがつかない状態。

漢字力がつく 漢字の形を正しく書けるようにすることも大切だが、その漢字の持つ意味（字義）に注意して理解することも必要である。

19 書き取り（訓読み）

——とにかくくり返して書く練習が大切

よく出る

合格	もう一歩	がんばれ
(50〜35)	(34〜26)	(25〜　)

得点

● 次の——線のカタカナを漢字に直せ。

1. 暗やみの中を手サグりで歩く。（　　）
2. 型紙にあわせて布を*タつ。（　　）
3. 山深い寺院をオトズれた。（　　）
4. 幼児が物*ホしげな顔をしている。（　　）
5. 念願の店をカマえることができた。（　　）
6. 桜の花も今が*サカりだ。（　　）
7. 勇気をフルって試合に臨む。（　　）
8. あの女性は着物がよくウツる。（　　）
9. 先生と会う*タビに元気づけられる。（　　）
10. いすにスワって本を読む。（　　）
11. 床にツいたのは夜半を過ぎていた。（　　）
12. 火に油をソソぐ結果となった。（　　）
13. ハガネのような肉体だ。（　　）
14. 薬剤の効果がアラワれた。（　　）
15. 法律にモトづいて政治を行う。（　　）
16. 先生の教えを心に*キザんで巣立つ。（　　）
17. 小さな荷物を友達からアズかる。（　　）
18. 笑うカドには福来る。（　　）
19. 旅先の父から便りがトドく。（　　）
20. 山のイタダキに初雪が降る。（　　）
21. 一割のネ引きをしてもらって買う。（　　）
22. 彼はホネのある人物だ。（　　）
23. さわやかな空気を胸一杯スいこむ。（　　）
24. 版画の年賀状をスった。（　　）
25. 粉と水とをよくマぜ合わせる。（　　）
26. 急にハゲしい雨が降り出した。（　　）

- 27 柔道でワザありと判定される。（　　）
- 28 キビしい練習を積んで王者になる。（　　）
- 29 秋の山はクレナイ*にそまる。（　　）
- 30 望みをスてずにがんばろう。（　　）
- 31 あの子は姉によく二ている。（　　）
- 32 文化祭に老人をマネく。（　　）
- 33 老師より工芸の秘伝をサズ*かる。（　　）
- 34 布地を花模様にソめる。（　　）
- 35 仲間たちと本ネで話し合った。（　　）
- 36 おみくじを引いて運をタメす。（　　）
- 37 完成した橋の渡りゾめをする。（　　）
- 38 家が建つまでのカリの住まいだ。（　　）
- 39 決戦にファイトをモやす。（　　）
- 40 シオが引いた浜辺で貝をとる。（　　）

- 41 縁側にアタタかい陽光が差しこむ。（　　）
- 42 努力して今の地位をキズいた。（　　）
- 43 天災はワスれたころにやってくる。（　　）
- 44 肉親をなくして途方にクれる。（　　）
- 45 物音に驚いて馬がアバれる。（　　）
- 46 風でミダれた髪を直した。（　　）
- 47 矢は正確に的をイぬいた。（　　）
- 48 仏前に果物と花をソナえる。（　　）
- 49 試合の開始が予定より少しノびた。（　　）
- 50 次回は君を生徒会長にオしたい。（　　）

ワンポイント

2 タつ＝布や紙をある型に合うように切る。
4 物ホしげな＝物ほしそうな。
6 サカり＝勢いがさかんなころ。
9 タビ＝その時ごと。おり。
16 キザむ＝強く心に残すこと。
29 クレナイ＝明るくこい赤色。
33 サズかる＝目上の人からもらう。あたえられる。

漢字力がつく **漢字の覚え方②** 同じ訓の漢字を比べて覚えること。（例 田舎に住む・用事が済む・水が澄む）

20 熟語構成 ①

——熟語の構成のしかたを正しく理解しよう

合格 (60〜42)　もう一歩 (41〜31)　がんばれ (30〜　)

得点

● 熟語の構成のしかたには、次のようなものがある。

ア　同じような意味の漢字を重ねたもの　（例…通過）
イ　反対または対応の意味を表す漢字を重ねたもの　（例…左右）
ウ　上の字が下の字を修飾しているもの　（例…親友）
エ　下の字が上の字の目的語・補語になっているもの　（例…開会）
オ　上の字が下の字の意味を打ち消しているもの　（例…無数）

次の熟語は、ア〜オのどれにあたるか。記号を（　）の中に記せ。

□ 1 濃淡（　）
□ 2 歓喜（　）
□ 3 近所（　）
□ 4 不朽（　）
□ 5 雌*雄（　）
□ 6 握手（　）
□ 7 恐怖（　）
□ 8 送迎（　）
□ 9 晩*成（　）
□ 10 恒*常（　）
□ 11 避難（　）
□ 12 歓声（　）
□ 13 攻守（　）
□ 14 無限（　）
□ 15 遅刻（　）
□ 16 跳躍（　）
□ 17 経*緯（　）
□ 18 瞬間（　）
□ 19 貯蓄（　）
□ 20 吐*血（　）
□ 21 詳細（　）
□ 22 浮沈（　）
□ 23 未婚（　）
□ 24 冒険（　）
□ 25 筆跡（　）
□ 26 比較（　）
□ 27 浸水（　）
□ 28 栄枯（　）

□ 29 不振（　　）
□ 30 喜怒（　　）
□ 31 添*加（　　）
□ 32 未*到（　　）
□ 33 遠征（　　）
□ 34 脱帽（　　）
□ 35 停止（　　）
□ 36 矛盾（　　）
□ 37 奇*縁（　　）
□ 38 閉鎖（　　）
□ 39 尽*力（　　）

□ 40 首*尾（　　）
□ 41 寸暇（　　）
□ 42 耐火（　　）
□ 43 未*踏（　　）
□ 44 堅固（　　）
□ 45 脱皮（　　）
□ 46 給食（　　）
□ 47 遊戯（　　）
□ 48 是*非（　　）
□ 49 布*陣（　　）
□ 50 不覚（　　）

□ 51 激突（　　）
□ 52 乾燥（　　）
□ 53 提案（　　）
□ 54 授受（　　）
□ 55 安眠（　　）

□ 56 舞踊（　　）
□ 57 不屈（　　）
□ 58 即*決（　　）
□ 59 賞罰（　　）
□ 60 抜*群（　　）

ワンポイント

5 雌雄＝めすとおす。
9 晩成＝年を取って成功すること。
10 恒常＝常に変わらないこと。
17 経緯＝経度と緯度。物事の事情。
20 吐血＝口から血をはくこと。
31 添加＝付け加えること。
32 未到＝だれも到達しないこと。
43 未踏は、足を踏み入れたことがないこと。
37 奇縁＝不思議な因縁。
39 尽力＝事の実現のために力を尽くすこと。
40 首尾＝始めと終わり。事の成り行きや結果。
48 是非＝物事のよいことと悪いこと。
49 布陣＝戦陣をしくこと。相手に対する構え。
58 即決＝その場ですぐ決めること。
60 抜群＝他を引き離してとびぬけてすぐれていること。

漢字力がつく 漢字を二字以上組み合わせてできた言葉で一定の意味を表すものを**熟語**という。

21 熟語構成②

——熟語を集めて構成のしかたに分類してみよう

合格（60～42）　もう一歩（41～31）　がんばれ（30～　）　得点

● 熟語の構成のしかたには、次のようなものがある。

ア　同じような意味の漢字を重ねたもの　（例…通過）
イ　反対または対応の意味を表す漢字を重ねたもの　（例…左右）
ウ　上の字が下の字を修飾しているもの　（例…親友）
エ　下の字が上の字の目的語・補語になっているもの　（例…開会）
オ　上の字が下の字の意味を打ち消しているもの　（例…無数）

次の熟語は、ア～オのどれにあたるか。記号を（　）の中に記せ。

□ 1 秀作（　　）
□ 2 遅速（　　）
□ 3 運搬（　　）
□ 4 鎖*国（　　）
□ 5 陰*陽（　　）
□ 6 傍線（　　）
□ 7 皮膚（　　）
□ 8 未熟（　　）
□ 9 執*務（　　）
□ 10 汚*濁（　　）
□ 11 激闘（　　）
□ 12 清濁（　　）
□ 13 就寝（　　）
□ 14 濁流（　　）
□ 15 光輝（　　）
□ 16 雅俗（　　）
□ 17 非運（　　）
□ 18 寝台（　　）
□ 19 新*鮮（　　）
□ 20 越境（　　）
□ 21 表裏（　　）
□ 22 繁茂（　　）
□ 23 被害（　　）
□ 24 取捨（　　）
□ 25 狭*義（　　）
□ 26 思*慮（　　）
□ 27 乾杯（　　）
□ 28 無縁（　　）

漢字力がつく

熟語の構成には、長い熟語を簡単に省略したものもある。

例 入試・高校・国連・特急

29 利害（　）
30 映写（　）
31 安危（　）
32 握力（　）
33 捕獲（　）
34 追跡*（　）
35 不眠（　）
36 有無（　）
37 示威*（　）
38 別離（　）
39 雄姿（　）

40 無恥*（　）
41 厳禁（　）
42 交互（　）
43 耐熱（　）
44 断続*（　）
45 迎春*（　）
46 救援（　）
47 感涙*（　）
48 貸借（　）
49 未納（　）
50 捕球（　）

51 依頼*（　）
52 曇天*（　）
53 貧富（　）
54 犯罪（　）
55 異国（　）

56 到達（　）
57 汚職*（　）
58 公私（　）
59 不詳（　）
60 奇数（　）

ワンポイント

4 鎖国＝外国との通商などを禁止すること。
5 陰陽＝互いに相反する性質をもつ二つのもの。
9 執務＝事務の仕事をする。
10 汚濁＝よごれてにごること。
19 新鮮＝生き生きして新しさが感じられる様子。
25 狭義＝狭いほうの意味。
26 思慮＝注意深く考えること。
34 追跡＝あとを追いかける。
37 示威＝力や勢いを示すこと。読みは「じい」（「しい」）。
40 無恥＝恥しらず。
44 断続＝切れたり続いたりすること。
45 迎春＝新春を迎えること。
47 感涙＝感激して流す涙。
51 依頼＝人にものを頼むこと。
52 曇天＝曇った空。
57 汚職＝職権を利用した不正な行い。

22 四字熟語 ①

——二字の熟語を二つ組み合わせたものが多いことに注意

合格	もう一歩	がんばれ
(50〜35)	(34〜26)	(25〜　)

得点

● 文中の四字熟語の——線のカタカナを漢字に直し、(　)に一字記入せよ。

1 点差は開いても**ユ断大敵**だ。(　)
2 **ズ寒足熱**は健康に良い。(　)
3 **無ネン無想**の構えで試合にのぞむ。(　)
4 **独断セン行**で事を決めた。(　)
5 百歳で**極楽オウ生**をとげた。(　)
6 この世は**ショ行無常**といわれる。(　)
7 **因ガ応報**を説いた物語だ。(　)
8 **リ害得失**が相半ばしている。(　)
9 **難攻不ラク**を誇る名城である。(　)
10 不安はすべて**雲サン霧消**した。(　)
11 **心キ一転**してやり直す。(　)
12 **適材適ショ**の配置が望ましい。(　)
13 **空前ゼツ後**の偉業である。(　)

14 **ソッ先垂範**して部下を導く。(　)
15 メンバーの実力は**玉石コン交**である。(　)
16 **新シン気鋭**の若者がそろった。(　)
17 わが家には**モン外不出**の家宝がある。(　)
18 **金ジョウ鉄壁**の布陣である。(　)
19 どの作品も**同エイ曲**で特色がない。(　)
20 友人と**校内ホウ送**を聞く。(　)
21 年季を積んで**ロウ成円熟**の境地に入る。(　)
22 **異ク同音**に反対を唱える。(　)
23 古老が神社の**故事来レキ**を語る。(　)
24 人は皆、**有為テン変**の世界を生きる。(　)
25 名案は**沈思黙コウ**の末に生まれた。(　)
26 優勝して**狂喜ラン舞**した。(　)

27 旧タイ依然のままで変化がない。（　）

28 物価は需要キョウ給の関係に左右される。（　）

29 名所キュウ跡を巡った。（　）

30 大ギ名分を説き聞かせる。（　）

31 出鼻をくじかれて意気ショウ沈した。（　）

32 自コ暗示をかけ気分を落ち着かせる。（　）

33 無理難ダイをふっかけられた。（　）

34 一日千シュウの思いでこの日を待った。（　）

35 単なる外交ジ令に過ぎない。（　）

36 声高らかにオン吐朗朗と読み上げた。（　）

37 信念があるから簡単に付和雷ドウしない。（　）

38 真実一ロの人生を送った。（　）

39 適者生ゾンの競争が激しい世界だ。（　）

40 趣味と実益を兼ね一キョ両得だ。（　）

41 昔から悪事千リを走るという。（　）

42 起ショウ転結が整った文章である。（　）

43 今後は信ショウ必罰でいく。（　）

44 初対面の人と意気トウ合した。（　）

45 ジュク慮断行して危機を脱した。（　）

46 苦情をリン機応変に処理する。（　）

47 一心不ランに取り組んで完成した。（　）

48 古都は山紫水メイの地として名高い。（　）

49 注意サン漫がもとで大けがをした。（　）

50 人のために私利私ヨクを離れて働く。（　）

ワンポイント

漢字は一字一字が意味を持った「語」であり、一字一音節で発音されるという特徴がある。その特質を生かした、たった四文字で歴史や知恵、そして的確な意味をも表現でき、口ずさみやすい四字の熟語を、日本人は昔から日本語の表現の中で使っている。

漢字力がつく

二つの熟語の組み合わせには、上の二字と下の二字が**対**になっているもの（例 半信半疑）、**主語と述語の関係**になっているもの（例 用意周到）、**修飾・被修飾の関係**になっているもの（例 取捨選択）などがある。

23 四字熟語 ②

――四字熟語では故事成語が大切である

合格（50〜35）　もう一歩（34〜26）　がんばれ（25〜　）　得点

● 文中の四字熟語の――線のカタカナを漢字に直し、（　）に一字記入せよ。

□ 1 前人ミ到の大記録が生まれた。（　）
□ 2 コウ機到来とばかりに喜んだ。（　）
□ 3 多事多ナンな局面を迎えた。（　）
□ 4 名ジツ一体の活躍ぶりであった。（　）
□ 5 一ゴ一会の心で客をもてなす。（　）
□ 6 チュウ夜兼行で作業する。（　）
□ 7 言う事がシン小棒大で信用できない。（　）
□ 8 会議は議ロン百出のままで終わった。（　）
□ 9 即ダン即決で商談がまとまった。（　）
□ 10 直情ケイ行の性格が直らない。（　）
□ 11 なぞめいた意味シン長な一言だ。（　）
□ 12 自分の意見を持たぬ大勢順ノウ型が多い。（　）
□ 13 天変地イは突然にやってくる。（　）

□ 14 忠言を馬ジ東風と聞き流してはだめだ。（　）
□ 15 ハク学多才で有名な学者だ。（　）
□ 16 選手権を獲得してキ色満面だ。（　）
□ 17 人員配置は適ザイ適所を基本にする。（　）
□ 18 サイ色兼備とうわさされる女性だ。（　）
□ 19 演説の中身は自画自サンばかりだ。（　）
□ 20 モン外不出の家宝として大切にする。（　）
□ 21 完全無ケツの人間などいない。（　）
□ 22 難関を熟慮ダン行で乗り切った。（　）
□ 23 三寒四オンで春の訪れも近い。（　）
□ 24 力戦フン闘して勝利に導いた。（　）
□ 25 論旨メイ快な文章である。（　）
□ 26 優しくてヒン行方正な人だ。（　）

□ 27 前途有ボウな青年たちだ。（　）

□ 28 事件は衆人環シの中で起こった。（　）

□ 29 悪の一味は一網ダ尽に検挙された。（　）

□ 30 事実無コンのうわさに過ぎない。（　）

□ 31 祭りばやしがホウ年満作を祝っている。（　）

□ 32 大キ晩成型の人物だ。（　）

□ 33 宿題が多くてアオ息吐息だ。（　）

□ 34 常に思慮分ベツをわきまえている。（　）

□ 35 タン刀直入に質問する。（　）

□ 36 見通しは五リ霧中の状態だ。（　）

□ 37 古本を二束三モンで手に入れた。（　）

□ 38 驚テン動地の大事件が起こった。（　）

□ 39 デン光石火の早わざだ。（　）

□ 40 中途ハン端な長さの布を集める。（　）

□ 41 珍芸に観客は抱フク絶倒した。（　）

□ 42 事態は急テン直下して解決した。（　）

□ 43 食べ物は自キュウ自足でまかなう。（　）

□ 44 後ショウ大事にしまいこんだ。（　）

□ 45 理非キョク直をはっきりさせる。（　）

□ 46 離合シュウ散を繰り返すのは世の常だ。（　）

□ 47 一刀リョウ断に切り捨てた。（　）

□ 48 悪戦ク闘の結果やっと成功した。（　）

□ 49 公平無シの人物と評判だ。（　）

□ 50 キ機一髪のところで逃れた。（　）

ワンポイント

四字熟語とは、狭い意味では、故事成語としての四文字の熟語をさす。その成り立ちからみると、中国の古典にある故事来歴をもったもの、仏教用語からきたもの、日本で古くから慣用的に使われてきたものなどがある。

漢字力がつく

「故事成語」は**昔からのいわれ**（**故事**）があってできた言葉で、深い意味と人生への教訓をもっている。意味や内容をよく理解し味わいながら学習しよう。（例 呉越同舟（ごえつどうしゅう）・画竜点睛（がりょうてんせい））

24 四字熟語 ③

——四字熟語では同音の漢字に注意しよう

● 文中の四字熟語の——線のカタカナを漢字に直し、（　）に一字記入せよ。

1 当面は現ジョウ維持で良しとしよう。（　）
2 無ミ乾燥な話ばかりが続いた。（　）
3 温コ知新が学問に対する態度だ。（　）
4 山頂からのながめは一ボウ千里だ。（　）
5 ジュウ横無尽の活躍だ。（　）
6 七ナン八苦に耐えて栄光をつかむ。（　）
7 博ラン強記の人である。（　）
8 師の教えを金科玉ジョウとして守る。（　）
9 八ポウ美人は時に世間の信を失う。（　）
10 ケイ薄短小な人物といわれる。（　）
11 優柔不ダンであれこれ迷う。（　）
12 重大なキ急存亡の時を迎えた。（　）
13 薄リ多売の方針で業績を上げた。（　）
14 問答無ヨウの態度は改めてほしい。（　）
15 ゲン行一致の信用できる人だ。（　）
16 話の一部始ジュウを聞いた。（　）
17 今年も無ビョウ息災で年を越した。（　）
18 かさを持って来たとは用意シュウ到だ。（　）
19 真剣勝ブのつもりでたち向かう。（　）
20 一触即ハツの危険な状況にある。（　）
21 君の考え方は本末テン倒だ。（　）
22 好き勝手に漫言ホウ語する人だ。（　）
23 天サイ地変で荒れた大地を耕す。（　）
24 明キョウ止水の心境である。（　）
25 情報が不確実で疑心アン鬼におちいる。（　）
26 面従腹ハイの部下を処断した。（　）

合格（50〜35）　もう一歩（34〜26）　がんばれ（25〜　）　得点

- 27 **是ヒ善悪**の分別がほしい。（　　）
- 28 あまりの痛さに**七テン八倒**した。（　　）
- 29 地蔵尊に**エン命息災**を祈願する。（　　）
- 30 委員会は**ユウ名無実**の存在である。（　　）
- 31 **利害トク失**を考えずに協力する。（　　）
- 32 最終回に**キ死回生**の安打を放った。（　　）
- 33 **闘シ満満**で強敵に対する。（　　）
- 34 **悪コウ雑言**の限りを尽くす。（　　）
- 35 **奇ソウ天外**な計画を立てる。（　　）
- 36 約束を破るとは**言語ドウ断**です。（　　）
- 37 動物の世界は**弱肉強ショク**の世だ。（　　）
- 38 今日の会合は**ダン論風発**で盛り上がった。（　　）
- 39 相手を**シタ先三寸**で丸め込んだ。（　　）
- 40 いよいよ**時セツ到来**と意気込んだ。（　　）

- 41 健康のために**牛イン馬食**を慎もう。（　　）
- 42 **理ロ整然**と考えを述べる。（　　）
- 43 かしこい人でも**千慮一シツ**がある。（　　）
- 44 **先手ヒッ勝**で攻撃を仕かけた。（　　）
- 45 **創意エフウ**が実を結んだ。（　　）
- 46 引退して**晴コウ雨読**を友とする。（　　）
- 47 疲れ果てて**前後不カク**に眠り込んだ。（　　）
- 48 **一進一タイ**を繰り返している。（　　）
- 49 **人跡ミ踏**の地を調査に行く。（　　）
- 50 どれもこれも**大同小イ**で大差がない。（　　）

ワンポイント

四字熟語には、深い意味や味わい深い内容を含んだものが数多くある。単に四つの漢字の組み合わせを暗記するのではなく、意味内容を、突っ込んで十分に理解しておく必要がある。そのことで日本人のものの考え方を知り、心を豊かにすることができる。

漢字力がつく

「四字熟語」の設問では、広い意味での四字熟語も出題される。したがって、きわめて現代的な用語までが含まれている。

25 対義語・類義語 ①

——対義語や類義語は対(つい)や組にして覚えよう

合格（40〜28）　もう一歩（27〜21）　がんばれ（20〜　）　得点

❶ 次の（　）内に入る適切な語を後の□の中から必ず一度選んで漢字に直し、対義語・類義語を作れ。

対義語

1 破壊—建（　）
2 需要—（　）給
3 慎重—軽（　）
4 冷却—加（　）
5 開放—（　）鎖
6 介入—傍（　）
7 徴収—（　）入
8 後尾—先（　）
9 柔和—（　）悪
10 攻撃—守（　）

類義語

11 不意—突（　）
12 憶測—推（　）
13 手柄—功（　）
14 離合—集（　）
15 永眠—（　）界
16 追憶—回（　）
17 使命—任（　）
18 進歩—発（　）
19 考慮—思（　）
20 沈着—（　）静

あん・かん・きょう・けん・さん
せき・せつ・ぜん・そう・そつ
た・たつ・とう・ねつ・のう
び・へい・む・りょう・れい

ワンポイント

●**対義語**…二つの熟語の意味が反対になる反対語と、相対応して一対になる対応語をあわせて対義語という。

例 過去←→未来　安全←→危険

●**類義語**…二つの熟語の意味が全く同じである同義語と、類似(るいじ)している類義語をあわせていう。

例 美点——長所　未来——将来

❷ 次の（　）内に入る適切な語を後の中から必ず一度選んで漢字に直し、対義語・類義語を作れ。

対義語

□ 1 快楽―苦（　　）
□ 2 油*断―（　　）戒
□ 3 地味―（　　）手
□ 4 独立―依（　　）
□ 5 歓*喜―（　　）嘆
□ 6 権利―義（　　）
□ 7 減退―（　　）進
□ 8 脱退―加（　　）
□ 9 増加―（　　）少
□ 10 憶*測―（　　）信

類義語

□ 11 釈*明―（　　）解
□ 12 傾向―風（　　）
□ 13 興奮―（　　）狂
□ 14 収入―（　　）得
□ 15 不朽―永（　　）
□ 16 名誉―（　　）光
□ 17 抜群―屈（　　）
□ 18 短所―（　　）点
□ 19 同意―（　　）成
□ 20 価格―（　　）段

えい・えん・かく・けい・けっ
げん・さん・し・しょ・ぞう
ぞん・ちょう・つう・ね・ねっ
は・ひ・べん・む・めい

ワンポイント

2 油断＝気を許して必要な注意をおこたること。
5 歓喜＝非常に喜ぶこと。「歓」も「喜」と同じく喜ぶ意味。
10 憶測＝対義語は「かく信」。類義語は「推りょう」。
11 釈明＝誤解や非難を受けたとき、自分の事情を説明して理解を求めること。

漢字力がつく

対義語や**類義語**の熟語の意味を正しく理解し、漢字で正確に書けるようにしよう。新しく出てきた熟語を覚えるときに、同時に対義語・類義語を確認しておくと力がつく。

読み　書き取り　熟語　対義語・類義語　部首　送りがな　実戦模擬　資料

26 対義語・類義語②

——一字一字の漢字の意味を理解し熟語を作ろう

合格 (40～28)　もう一歩 (27～21)　がんばれ (20～　)　得点

❶ 次の(　)内に入る適切な語を後の中から必ず一度選んで漢字に直し、対義語・類義語を作れ。

対義語

□ 1 先祖—子(　)
□ 2 許可—(　)止
□ 3 高雅*—(　)俗
□ 4 難解—平(　)
□ 5 返済*—(　)用
□ 6 拡大—(　)小
□ 7 薄弱—強(　)
□ 8 起床*—(　)寝
□ 9 貯蓄—消(　)
□ 10 保守*—(　)新

類義語

□ 11 回避*—(　)遠
□ 12 長所—(　)点
□ 13 散歩—散(　)
□ 14 地味—質(　)
□ 15 様子—気(　)
□ 16 反撃—(　)襲
□ 17 難儀—苦(　)
□ 18 手柄—(　)績
□ 19 互角—対(　)
□ 20 健康—丈(　)

い・かく・ぎゃく・きん・けい
こ・こう・さく・しゃく・しゅう
しゅく・そ・そん・てい・とう
はい・ひ・び・ぶ・ろう

ワンポイント

3 高雅＝対義語として「てい俗」、類義語としては「風流」「風雅」などがある。意味は、けだかく上品な様子。
5 返済＝借りた金品を返すこと。
8 起床＝寝床から起き出すこと。
10 保守＝伝統を守り、物事を急に変えようとしないこと。
11 回避＝類義語として「けい遠」のほかに「逃避」。対義語は「直面」。

❷ 次の（　）内に入る適切な語を後の中から必ず一度選んで漢字に直し、対義語・類義語を作れ。

対義語

□ 1 巨大—（　　）小
□ 2 劣勢—（　　）勢
□ 3 厳寒—猛（　　）
□ 4 繁*雑—（　　）略
□ 5 親切—（　　）淡
□ 6 抵抗—屈（　　）
□ 7 分離—（　　）合
□ 8 定*例—（　　）時
□ 9 盛*夏—（　　）冬
□ 10 断念—執（　　）

類義語

□ 11 率*直—端（　　）
□ 12 人*工—人（　　）
□ 13 巨木—大（　　）
□ 14 過大—誇（　　）
□ 15 見事—立（　　）
□ 16 留守—不（　　）
□ 17 許可—（　　）認
□ 18 内心—（　　）中
□ 19 周到—綿（　　）
□ 20 繁*栄—（　　）況

かん・きょう・けつ・げん・ざい
じゅ・じゅう・しょ・しょう・せい
ぞう・ちゃく・ちょう・てき・ぱ
び・みつ・ゆう・りん・れい

ワンポイント

4 繁雑 / 20 繁栄 「繁」は、どんどん増え広がること。「繁雑」は、物事が多くてごたごたしている様子。「繁栄」は栄えて発展すること。
8 定例＝継続的にある会議などで、日時などに規定のあるもの。
9 盛夏＝夏のさかりの時期。真夏のこと。
11 率直＝「ソッチョク」と読む。「素直」と混同しないこと。
12 人工＝人間がつくりだすこと。対義語は「天然」「自然」。

漢字力がつく

類義語は上の字か下の字が同じになっている熟語が多い。（例 加入—加盟　意外—案外）ちがうほうの字をヒントにして似た意味の字をさがそう。

27 対義語・類義語 ③

——対義語も類義語も日常生活の中で、語彙(ごい)数を増やす努力をしておくとよい

合格 (40〜28)
もう一歩 (27〜21)
がんばれ (20〜)
得点

❶ 次の( )内に入る適切な語を後の中から必ず一度選んで漢字に直し、対義語・類義語を作れ。

対義語

1 緯度—( )度
2 希薄*—濃( )
3 到着—出( )
4 摘発*—( )過
5 決定—保( )
6 俗悪*—( )雅
7 被告—( )告
8 供述—黙( )
9 任意—強( )
10 凶悪—( )良

類義語

11 精進*—( )力
12 近隣—周( )
13 快活—明( )
14 簡単—容( )
15 補足—( )加
16 長者—( )豪
17 介抱—看( )
18 支度—準( )
19 縁者—( )類
20 基盤—土( )

い・かん・けい・げん・ご
しん・せい・ぜん・だい・つい
ど・ぱつ・ひ・び・ふ
へん・みつ・ゆう・りゅう・ろう

ワンポイント

2 希薄＝気体や液体などの密度が低いさま。
4 摘発＝不正や悪事などをあばいて公表すること。対義語は「見過ごす」という意味になる。
6 俗悪＝下品でいやらしいこと。対義語は「ゆう雅」(やさしくて上品で美しい様子)。この意味から漢字をみつけよう。
11 精進＝雑念をはらってそのことだけに打ちこむこと。また、行いを慎むこと。

❷ 次の（　）内に入る適切な語を後の中から必ず一度選んで漢字に直し、対義語・類義語を作れ。

対義語

- □ 1 与党―（　　）党
- □ 2 冒頭―（　　）尾
- □ 3 進撃―（　　）却
- □ 4 古豪*―（　　）鋭
- □ 5 簡略―詳（　　）
- □ 6 人造―天（　　）
- □ 7 分散―（　　）中
- □ 8 瞬間―（　　）遠
- □ 9 中断―継（　　）
- □ 10 劣等*―（　　）越

類義語

- □ 11 変更―（　　）定
- □ 12 動機―原（　　）
- □ 13 健闘―（　　）戦
- □ 14 殖産*―蓄（　　）
- □ 15 加勢*―（　　）援
- □ 16 価格―（　　）段
- □ 17 及第*―合（　　）
- □ 18 次第―順（　　）
- □ 19 屈指―抜（　　）
- □ 20 黙秘―無（　　）

いん・えい・おう・かい・かく
ぐん・さい・ざい・し・しゅう
じょ・しん・ぜん・ぞく・たい
ゆう・ね・ねん・まつ・や

ワンポイント

4 古豪＝経験が豊かで力量のある者。
10 劣等＝規準・平均より劣っていること。
14 殖産＝産業をさかんにし、生産を殖やす。財産を殖やすこと。
15 加勢＝手助けすること。また、その人。
17 及第＝試験や検査で水準以上に達すること。対義語は「落第」。

漢字力がつく **対義語**は「期待―失望」「拡大―縮小」のように対(つい)にして、**類義語**は「精密・綿密・詳細・委細」のように組にして覚えよう。

28 部首(択一式) ①

――部首は漢字の組み立ての部分であり、字を分類する目じるし

合格（40～28） もう一歩（27～21） がんばれ（20～　） 得点

● 次の漢字の部首をア～エから選び、記号を（　）の中に答えよ。

□ 1 豪（ア口　イ亠　ウ亠　エ豕）（　）
□ 2 慮（アト　イ心　ウ田　エ虍）（　）
□ 3 載（ア土　イ戈　ウ車　エ十）（　）
□ 4 稿（ア木　イ禾　ウ亠　エ高）（　）
□ 5 惨（アム　イ忄　ウ八　エ彡）（　）
□ 6 徴（ア山　イ攵　ウ彳　エ亻）（　）
□ 7 奥（ア丿　イ冂　ウ米　エ大）（　）
□ 8 殿（ア殳　イ又　ウ尸　エ八）（　）
□ 9 離（ア亠　イム　ウ冂　エ隹）（　）
□ 10 疲（ア冫　イ广　ウ疒　エ皮）（　）
□ 11 壱（ア士　イ一　ウ冖　エ匕）（　）

□ 12 盆（ア八　イ刀　ウ皿　エ皿）（　）
□ 13 御（ア止　イ彳　ウ卩　エ缶）（　）
□ 14 誉（ア⺍　イ一　ウ八　エ言）（　）
□ 15 踏（ア口　イ止　ウ足　エ日）（　）
□ 16 致（ア一　イ土　ウ至　エ攵）（　）
□ 17 趣（ア土　イ走　ウ耳　エ又）（　）
□ 18 影（ア日　イ亠　ウ小　エ彡）（　）
□ 19 盤（ア殳　イ又　ウ皿　エ舟）（　）
□ 20 刺（ア十　イ冂　ウ木　エ刂）（　）
□ 21 響（ア阝　イ音　ウ立　エ幺）（　）
□ 22 罰（ア罒　イ口　ウ言　エ刂）（　）

□ 23 箇（ア 口　イ 十　ウ 口　エ ⺮）（　　）
□ 24 冊（ア 一　イ 冂　ウ 十　エ 廾）（　　）
□ 25 隷（ア 士　イ 示　ウ 隶　エ 氺）（　　）
□ 26 斜（ア 八　イ 斗　ウ 二　エ 干）（　　）
□ 27 繁（ア 攵　イ 糸　ウ 母　エ 小）（　　）
□ 28 幹（ア 十　イ 日　ウ 八　エ 干）（　　）
□ 29 乗（ア ノ　イ 二　ウ 十　エ 木）（　　）
□ 30 寝（ア 宀　イ 丨　ウ 冖　エ 又）（　　）
□ 31 幕（ア 艹　イ 日　ウ 大　エ 巾）（　　）
□ 32 麗（ア 冂　イ 广　ウ 鹿　エ 比）（　　）
□ 33 裏（ア 亠　イ 日　ウ 土　エ 衣）（　　）
□ 34 尋（ア 工　イ 寸　ウ 口　エ 一）（　　）

□ 35 瞬（ア 目　イ 舛　ウ 爫　エ 夕）（　　）
□ 36 執（ア 土　イ ノ　ウ 乙　エ 丶）（　　）
□ 37 扇（ア 一　イ 尸　ウ 戸　エ 羽）（　　）
□ 38 夢（ア 艹　イ 夕　ウ 罒　エ 冖）（　　）
□ 39 歓（ア 二　イ 隹　ウ 欠　エ 人）（　　）
□ 40 営（ア ⺍　イ 宀　ウ 冖　エ 口）（　　）

ワンポイント

●部首の分類

部首は大きく分けると、
①へん　②つくり　③かんむり　④あし　⑤たれ　⑥にょう　⑦かまえ　⑧その他
となる。
約半数はその他に含まれる。部首をまちがいやすい漢字が多いので、しっかり覚えよう。

漢字力がつく

部首には、**部首名**が一つのもの「亻 にんべん」・「广 まだれ」や、二つのもの「巾 はばへん・きんべん」・「攵 のぶん・ぼくづくり」、三つのもの「歹 かばねへん・いちたへん・がつへん」がある。

29 部首(択一式)②

部首の種類、へん・つくり・かんむり・あし・たれ・にょう・かまえを確認しておこう

合格(40〜28)　もう一歩(27〜21)　がんばれ(20〜　)　得点

● 次の漢字の部首をア〜エから選び、記号を(　)の中に答えよ。

1 歳 (ア 小　イ 戈　ウ 止　エ 厂) (　)
2 剤 (ア 亠　イ 文　ウ 斉　エ 刂) (　)
3 戯 (ア ト　イ 虍　ウ 弋　エ 戈) (　)
4 威 (ア 女　イ 戈　ウ 厂　エ 一) (　)
5 撃 (ア 車　イ 手　ウ 几　エ 殳) (　)
6 却 (ア 土　イ 厶　ウ 卩　エ 丨) (　)
7 療 (ア 大　イ 日　ウ 小　エ 疒) (　)
8 隠 (ア 阝　イ 乛　ウ 爫　エ 心) (　)
9 傾 (ア 亻　イ 匕　ウ 頁　エ 八) (　)
10 釈 (ア ノ　イ 米　ウ 釆　エ 尸) (　)
11 彩 (ア 木　イ 彡　ウ 丿　エ 爫) (　)

12 就 (ア 亠　イ 小　ウ 尢　エ 犬) (　)
13 幾 (ア 人　イ 一　ウ 幺　エ 戈) (　)
14 壊 (ア 十　イ 土　ウ 罒　エ 衣) (　)
15 寂 (ア 宀　イ 又　ウ ト　エ 小) (　)
16 蓄 (ア 亠　イ 幺　ウ 田　エ 艹) (　)
17 紫 (ア 止　イ 糸　ウ 匕　エ 幺) (　)
18 敷 (ア 攵　イ 十　ウ 田　エ 方) (　)
19 賦 (ア 二　イ 止　ウ 弋　エ 貝) (　)
20 監 (ア 臣　イ 皿　ウ 匚　エ 罒) (　)
21 薪 (ア 斤　イ 立　ウ 艹　エ 木) (　)
22 勧 (ア 𠂉　イ 一　ウ 隹　エ 力) (　)

23 □ 煮 （ア 土　イ 耂　ウ 灬　エ 日）（　　）

24 □ 惑 （ア 口　イ 弋　ウ 戈　エ 心）（　　）

25 □ 珍 （ア 人　イ 彡　ウ 𤣩　エ 土）（　　）

26 □ 翼 （ア 二　イ 田　ウ 羽　エ 八）（　　）

27 □ 爆 （ア 火　イ 人　ウ 日　エ 氺）（　　）

28 □ 徴 （ア 攵　イ 山　ウ 𤣩　エ 彳）（　　）

29 □ 聖 （ア 口　イ 耳　ウ 王　エ 土）（　　）

30 □ 舞 （ア 夕　イ 十　ウ 二　エ 舛）（　　）

31 □ 劇 （ア 虍　イ 刂　ウ 厂　エ 豕）（　　）

32 □ 屈 （ア ノ　イ 尸　ウ 山　エ 屮）（　　）

33 □ 裁 （ア 衣　イ 丶　ウ 戈　エ 土）（　　）

34 □ 暦 （ア 厂　イ 木　ウ 口　エ 日）（　　）

35 □ 盾 （ア ノ　イ 厂　ウ 十　エ 目）（　　）

36 □ 烈 （ア 灬　イ 一　ウ 刂　エ 歹）（　　）

37 □ 露 （ア 雨　イ 足　ウ 口　エ 止）（　　）

38 □ 鼓 （ア 士　イ 口　ウ 支　エ 鼓）（　　）

39 □ 警 （ア 言　イ 艹　ウ 勹　エ 攵）（　　）

40 □ 憲 （ア 宀　イ 心　ウ 罒　エ 十）（　　）

ワンポイント

●その字自体が部首である例

牛 米 矢 角 足 金 骨 竹 雨 皿 走 行 門 一
人 口 土 女 小 子 山 川 己 弓 心 戸 手 月
木 水 火 父 母 玉 田 白 目 糸 肉 見 貝 入
衣 王 黄 工 血 欠 穴 犬 言 西 氏 支 止 示
歯 車 赤 首 青 臣 身 舌 鳥 鼻 鹿 麦 鬼 辰

漢字力がつく

同じ部に属する**部首**はまとめて覚えておこう。人の部には「亻(にんべん)」と「𠆢(ひとやね)」が、心の部には「忄(りっしんべん)」と「⺗(したごころ)」が、水の部には「氵(さんずい)」と「氺(したみず)」がある。

30 部首（択一式）③ ——よく似た部首に注意して意味を正しく理解しよう

合格	もう一歩	がんばれ
(40～28)	(27～21)	(20～)

得点

● 次の漢字の部首をア～エから選び、記号を（　）の中に答えよ。

□ 1 延（ア ノ　イ ト　ウ 止　エ 廴）（　　）
□ 2 賃（ア 亻　イ 士　ウ 貝　エ 八）（　　）
□ 3 慢（ア 又　イ 罒　ウ 日　エ 忄）（　　）
□ 4 覚（ア ⺍　イ 目　ウ 見　エ 儿）（　　）
□ 5 幅（ア 丨　イ 巾　ウ 口　エ 田）（　　）
□ 6 却（ア 土　イ 十　ウ ム　エ 卩）（　　）
□ 7 獲（ア 犭　イ 艹　ウ 隹　エ 又）（　　）
□ 8 攻（ア 攵　イ ノ　ウ 工　エ 又）（　　）
□ 9 尾（ア 毛　イ 尸　ウ 厂　エ 乚）（　　）
□ 10 姿（ア 冫　イ 一　ウ 女　エ 欠）（　　）
□ 11 耕（ア 木　イ 耒　ウ 二　エ 十）（　　）

□ 12 胸（ア 月　イ 勹　ウ メ　エ 凵）（　　）
□ 13 突（ア 大　イ 宀　ウ 一　エ 穴）（　　）
□ 14 術（ア 亻　イ 彳　ウ 行　エ 十）（　　）
□ 15 更（ア 一　イ 曰　ウ ノ　エ 人）（　　）
□ 16 段（ア ノ　イ 丨　ウ 几　エ 殳）（　　）
□ 17 騒（ア 灬　イ 馬　ウ 又　エ 虫）（　　）
□ 18 否（ア 一　イ 八　ウ 不　エ 口）（　　）
□ 19 是（ア 日　イ 一　ウ ト　エ ノ）（　　）
□ 20 窓（ア 宀　イ 穴　ウ ム　エ 心）（　　）
□ 21 戒（ア 一　イ 弋　ウ 戈　エ 廾）（　　）
□ 22 域（ア 土　イ 弋　ウ 戈　エ 口）（　　）

□ 23 燥（ア 火　イ 人　ウ 口　エ 木）（　　）

□ 24 殖（ア 十　イ 目　ウ 夕　エ 歹）（　　）

□ 25 脚（ア 土　イ ム　ウ 月　エ 卩）（　　）

□ 26 鬼（ア ノ　イ 田　ウ 儿　エ 鬼）（　　）

□ 27 煮（ア 土　イ 耂　ウ 灬　エ 日）（　　）

□ 28 盗（ア 冫　イ 欠　ウ 皿　エ 皿）（　　）

□ 29 暇（ア 丨　イ 又　ウ 日　エ 二）（　　）

□ 30 雄（ア ノ　イ ム　ウ 亻　エ 隹）（　　）

□ 31 避（ア 尸　イ 辶　ウ 口　エ 立）（　　）

□ 32 柄（ア 一　イ 木　ウ 人　エ 冂）（　　）

□ 33 噴（ア 十　イ 八　ウ 口　エ 貝）（　　）

□ 34 捕（ア 扌　イ 十　ウ 用　エ 丶）（　　）

□ 35 恵（ア 心　イ 田　ウ 十　エ 一）（　　）

□ 36 帽（ア 日　イ 曰　ウ 目　エ 巾）（　　）

□ 37 霧（ア 雨　イ 矛　ウ 夂　エ 力）（　　）

□ 38 矛（ア 丶　イ ノ　ウ 亅　エ 矛）（　　）

□ 39 痛（ア 亠　イ 厂　ウ 广　エ 疒）（　　）

□ 40 猛（ア 子　イ 一　ウ 犭　エ 皿）（　　）

ワンポイント

●まぎらわしい部首

①「阝（おおざと）」と「阝（こざとへん）」

・おおざと—つくりに属する　例 郡・郷・郎など

・こざとへん—へんに属する　例 陸・隣・限など

②漢字のどこに位置するかで呼び名が変わるもの

・つちへん（場・地・坂など）・つち（型・堂・圧など）

・ごんべん（記・説・調など）・げん（言・警・誉など）

・いとへん（維・繰・継など）・いと（系・素・繁など）

漢字力がつく

月（つきへん・例 服）と月（にくづき・例 腸）と肉（にく・例 腐）、日（ひへん・例 時）と曰（ひらび・例 書）など似た部首に注意しよう。

31 漢字と送りがな ①

——漢字を訓読するときに補助として用いられる「かな」が、送りがなである

合格 (50〜35)　もう一歩 (34〜26)　がんばれ (25〜　)　得点

● 次の——線のカタカナを漢字一字と送りがな(ひらがな)に直せ。

〈例〉 門をアケル。 (開ける)

1 弁護士をココロザシている。 (　　)
2 上体を後ろにソラス運動をする。 (　　)
3 強敵を次々にシリゾケル。 (　　)
4 あやまちはすぐアラタメよう。 (　　)
5 手足の動きがカロヤカダ。 (　　)
6 雄図むなしく異郷の地にハテル。 (　　)
7 ますますイキオイづいた。 (　　)
8 仏の教えにミチビカれる。 (　　)
9 年のわりには考え方がオサナイ。 (　　)
10 私腹をコヤス悪い人もいる。 (　　)
11 谷間のキヨラカナ流れに足を浸す。 (　　)
12 御笑納いただければサイワイです。 (　　)
13 単身生活にナレルまで時間がかかる。 (　　)
14 電話でタリル用件だ。 (　　)
15 コマカイ事にまで口を出すな。 (　　)
16 降雨で開会がアヤブマれる。 (　　)
17 記事は事実にモトヅイている。 (　　)
18 子どもたちはヤスラカニ眠っている。 (　　)
19 全員合格とはヨロコバシイ限りだ。 (　　)
20 大軍をヒキイて攻め込む。 (　　)
21 仏前に菓子をソナエル。 (　　)
22 気性のハゲシイ人だ。 (　　)
23 極寒のキビシイ自然の中で生きる。 (　　)
24 白銀の山々が南北にツラナル。 (　　)
25 利用者への配慮がカケル。 (　　)
26 キツネは人をバカスといわれる。 (　　)

27 事実かどうかを**タシカメル**。
28 友を裏切ったようで**ウシロメタイ**。
29 事は**キワメテ**重大である。
30 彼とは意見が**コトナル**。
31 クラス全員の参加が**ノゾマシイ**。
32 彼の若者らしさが**コノマシイ**。
33 舟で**ムコウ**岸に渡る。
34 鳥が水を**アビル**ためにやってくる。
35 注意深く取り**ハカラウ**必要がある。
36 クラスで**モットモ**背の高い人だ。
37 「さようなら」と別れを**ツゲル**。
38 **アタリ**をはばかって小声で話す。
39 気力を**フタタビ**とりもどす。
40 事故の責任を**ミズカラ**認めた。

41 しかられて素直に**アヤマッ**た。
42 仕事を全面的に**マカセル**。
43 冬の眠りから**サメル**ころだ。
44 **アツク**御礼申し上げます。
45 この件は第三者が**サバク**べきだ。
46 真紅の優勝旗が**サズケ**られた。
47 もうすぐ歯が**ハエル**ころだ。
48 **ヒサシク**音信が途絶えている。
49 格段に学力が**スグレ**ている。
50 二人の結婚を心から**イワウ**。

ワンポイント

●**送りがな**は、漢文を日本語風の読み方にするために「助詞」「助動詞」を書き添えたことからできたもので、「送り仮名の付け方」（昭和五十六年内閣告示）が基準となっている。
●**活用のない語**…名詞には原則として送りがなをつけない。（「月」「鳥」など）副詞・連体詞・接続詞は原則として**最後の音節**を送る。（「必ず」「再び」など）

漢字力がつく 送りがなのきまり① 活用語やこれを含む語は、その**活用語の語尾**を送る。（例 握（にぎ）る・実（みの）る・使（つか）う）

32 漢字と送りがな ②

——漢字の読み方によって送りがなのつけ方が異なる

合格（50〜35）
もう一歩（34〜26）
がんばれ（25〜　）
得点

● 次の——線のカタカナを漢字一字と送りがな（ひらがな）に直せ。

〈例〉 門をアケル。 （開ける）

1 話し合う機会をモウケル。（　　）
2 ユタカナ大地の恵みに感謝する。（　　）
3 今をサカリと咲き乱れている。（　　）
4 先輩の忠告にシタガウ。（　　）
5 ケワシイ顔をしている。（　　）
6 図書館で本をカリルことにした。（　　）
7 生計をササエルために働きに出る。（　　）
8 灯火で足元をテラス。（　　）
9 ゴミを部屋中にチラカスな。（　　）
10 美容院で髪をソメル。（　　）
11 消防車はタダチニ出動した。（　　）
12 車はコースを大きくハズレた。（　　）
13 救命活動は一刻をアラソウ。（　　）
14 景気の動向をサグル。（　　）
15 特売場に客がムラガッている。（　　）
16 一代で財をキズイた人だ。（　　）
17 ボールが庭にコロガリ込んできた。（　　）
18 部屋中に花の香りがミチル。（　　）
19 台風はサイワイ東にそれた。（　　）
20 両手を合わせて仏様をオガム。（　　）
21 足りないところは自分でオギナウ。（　　）
22 親友とのマジワリを続ける。（　　）
23 正しい判断力をヤシナウ。（　　）
24 冬の到来をツゲル北風が吹く。（　　）
25 お気に入りの本をナラベル。（　　）
26 楽しいカタライのひとときだった。（　　）

漢字力がつく　**送りがなのきまり② 誤読や難読のおそれ**がないように送る。（例 連（つ）れる・連（つら）なる）

□ 27 会長は威厳が**ソナワッ**ている。（　）

□ 28 申し出を**ココロヨク**引き受けた。（　）

□ 29 火を見るよりも**アキラカダ**。（　）

□ 30 新しい法律を**サダメル**。（　）

□ 31 外からの圧力がさらに**クワワル**。（　）

□ 32 心の**マズシイ**人にはなりたくない。（　）

□ 33 掘り返した地面を**タイラニ**ならす。（　）

□ 34 台風で家が**イタム**。（　）

□ 35 門は固く**トザサ**れていた。（　）

□ 36 **シタシイ**友人と山へ遊びに行った。（　）

□ 37 事故を未然に**フセグ**。（　）

□ 38 仏前の火を**タヤス**ことはない。（　）

□ 39 いつかはチャンスが**オトズレル**。（　）

□ 40 決意も**アラタニ**再出発する。（　）

□ 41 小遣いをためて銀行に**アズケル**。（　）

□ 42 大会は**イサマシイ**マーチで始まった。（　）

□ 43 重大な使命を**オビル**。（　）

□ 44 **アバレル**馬を取り押さえた。（　）

□ 45 父母を**ウヤマウ**。（　）

□ 46 少しずつ得点差を**チヂメル**。（　）

□ 47 料理の腕前を**クラベル**番組だ。（　）

□ 48 勝利の快感を**アジワウ**。（　）

□ 49 環境に**ヤサシイ**商品です。（　）

□ 50 自分の勉強部屋が**ホシイ**。（　）

ワンポイント

●**形容詞・形容動詞の語幹を含むもの** 〈（　）内の語を含む〉

重んずる（重い）・若やぐ（若い）・怪しむ（怪しい）

悲しむ（悲しい）・重たい（重い）・憎らしい（憎い）

●**動詞の活用形、またはそれに準ずるものを含むもの**

動かす（動く）・語らう（語る）・向かう（向く）

浮かぶ（浮く）・生まれる（生む）・輝かしい（輝く）

実戦模擬テスト (1)

解答には、常用漢字の旧字体や表外漢字および常用漢字音訓表以外の読みを使ってはいけない。

時間	合格点	得点
60分	140/200	

(一) 次の――線の**読み**を**ひらがな**で記せ。 (30) 1×30

1 再会を喜んで握手をした。( )
2 選手として海外へ遠征する。( )
3 故障の箇所が見つかった。( )
4 神経が過敏になっている。( )
5 念願を果たして感涙にむせぶ。( )
6 奇抜な発想をする人だ。( )
7 シェークスピアの戯曲を上演する。( )
8 神社の境内に店が出ていた。( )
9 今大会屈指の左腕投手だ。( )
10 何の根拠もないうわさ話だ。( )
11 災害地の復旧支援に協力する。( )
12 台所の火元を点検して就寝した。( )
13 知人の紹介で知り合った。( )
14 提出の期限が切迫している。( )

(二) 次の――線の**カタカナ**にあてはまる漢字をそれぞれの**ア〜オ**から選び、**記号**で答えよ。 (30) 2×15

1 **フク**飾関係の仕事をする。( )
2 道路の拡**フク**工事が始まる。( )
3 学校と家とを往**フク**する。( )
(ア幅　イ複　ウ服　エ復　オ副)

4 有**イ**な青年だと認められた。( )
5 許容範**イ**を越えていない。( )
6 現状**イ**持に努める。( )
(ア為　イ維　ウ依　エ違　オ囲)

7 七月下**ジュン**に水泳大会がある。( )
8 夜間の**ジュン**回を強化する。( )
9 国民の生活水**ジュン**が高い。( )
(ア純　イ旬　ウ準　エ盾　オ巡)

10 危険な状況は回**ヒ**された。( )
11 暑さ寒さも**ヒ**岸まで。( )
12 仕事続きで**ヒ**労が激しい。( )
(ア秘　イ彼　ウ被　エ疲　オ避)

(四) **熟語の構成**のしかたには次のようなものがある。 (20) 2×10

ア 同じような意味の漢字を重ねたもの (**岩石**)
イ 反対または対応の意味を表す漢字を重ねたもの (**高低**)
ウ 上の字が下の字を修飾しているもの (**洋画**)
エ 下の字が上の字の目的語・補語になっているもの (**着席**)
オ 上の字が下の字の意味を打ち消しているもの (**非常**)

次の**熟語**は右のどれにあたるか、**記号**で答えよ。

1 舞踊 ( )
2 不慮 ( )
3 攻撃 ( )
4 波紋 ( )
5 耐寒 ( )
6 贈答 ( )
7 尾翼 ( )
8 尽力 ( )
9 映写 ( )
10 浮沈 ( )

15 卒業証書が授与された。（　　）
16 一週間の休暇を取る。（　　）
17 港に客船が停泊している。（　　）
18 心静かに正座して黙想する。（　　）
19 老朽化した校舎を建て直す。（　　）
20 残雪の連峰を仰ぎ見る。（　　）
21 生まれ故郷を恋しく思う。（　　）
22 顔を背けて不満の意を表す。（　　）
23 口先では言い尽くせない。（　　）
24 ふた抱えもある大木の幹だ。（　　）
25 社員の過半数は男性が占める。（　　）
26 心を込めて制作にはげむ。（　　）
27 悪天候で日程を繰り延べる。（　　）
28 日が西に傾いた。（　　）
29 勝敗の行方を占う。（　　）
30 最寄りの駅までは五分です。（　　）

---

13 渡り鳥が北をサして飛ぶ。（　　）
14 最後の一言が胸にサさった。（　　）
15 朝日が窓にサし込んでいた。（　　）
（ア刺　イ去　ウ指　エ冷　オ差）

(三)

1〜5の三つの□に**共通する漢字**を入れて熟語を作れ。漢字は**ア〜コ**から一つ選び、**記号**で答えよ。　(10) 2×5

1 □力・失□・健□（　　）
2 離□・□衣・□走（　　）
3 浮□・□着・□黙（　　）
4 □財・貯□・含□（　　）
5 太□・□舞・□笛隊（　　）

ア遊	イ散	ウ蓄	エ鼓	オ脚
カ脱	キ沈	ク御	ケ威	コ養

(五)

次の漢字の**部首**を**ア〜エ**から選び、**記号に○**をせよ。　(10) 1×10

1 隠（ア阝　イ爫　ウ⺌　エ心）
2 敵（ア立　イ攵　ウ又　エ口）
3 輝（ア⺌　イ車　ウ冖　エ儿）
4 影（ア日　イ亠　ウ小　エ彡）
5 旬（ア丿　イ勹　ウ日　エ口）
6 蒸（ア艹　イ一　ウ氺　エ灬）
7 突（ア大　イ宀　ウ人　エ穴）
8 盤（ア舟　イ皿　ウ殳　エ又）
9 弾（ア弓　イ⺍　ウ田　エ十）
10 驚（ア艹　イ勹　ウ馬　エ攵）

(六) 後の□内のひらがなを漢字に直して□に入れ、対義語・類義語を作れ。ただし、□内のひらがなは必ず一度使い、(　)に一字記入せよ。 (20) 2×10

対義語

1 加熱—□却 (　)
2 供述—黙□ (　)
3 困難—容□ (　)
4 質疑—□答 (　)
5 返却—□用 (　)

類義語

6 露見—発□ (　)
7 近隣—□辺 (　)
8 高慢—□大 (　)

(八) 文中の四字熟語の——線のカタカナを漢字に直せ。(　)に一字記入せよ。 (20) 2×10

1 ことの是非ゼン悪をわきまえる。 (　)
2 規則はユウ名無実と化している。 (　)
3 二人は意気トウ合して取り組んだ。 (　)
4 食べ物はほぼ自給自ソクの生活だ。 (　)
5 山村で晴コウ雨読の日々をおくる。 (　)
6 古都の名所キュウ跡を巡る旅だ。 (　)
7 芸人の珍芸に抱フク絶倒した。 (　)
8 思わぬ天サイ地変に見舞われた。 (　)

(十) 次の——線のカタカナを漢字に直せ。 (40) 2×20

1 国民にはノウゼイの義務がある。 (　)
2 会場の警備をタントウする係だ。 (　)
3 街の歴史的ケイカンを保護する。 (　)
4 付きっきりで病人をカンゴする。 (　)
5 あの場面はこの映画のアッカンだ。 (　)
6 事例をレッキョして説明した。 (　)
7 月別雨量のトウケイをとる。 (　)
8 登山のメンミツな計画を立てる。 (　)
9 相手にセイイを持って接する。 (　)
10 飛行機のモケイを作っている。 (　)

9 宿 願 ― 本 □

10 腕 前 ― 技 □

い・おう・かく・しゃく・しゅう
そん・ひ・もう・りょう・れい

(七)

次の――線のカタカナを漢字一字と送りがな(ひらがな)に直せ。 (10) 2×5

〈例〉 問題にコタエル。 (答える)

1 フロントに部屋のかぎをアズケル。（ ）

2 山村は大雪にトザサれた。（ ）

3 友人の知恵をカリルことにした。（ ）

4 極めてノゾマシイ結果が出た。（ ）

5 努力で欠点をオギナウ。（ ）

9 実戦で縦オウ無尽の活躍をした。（ ）

10 話が針小ボウ大に伝わった。（ ）

(九)

次の各文にまちがって使われている同じ読みの漢字が一字ある。上に誤字を、下に正しい漢字を記せ。 (10) 2×5

1 自動制御で常に快的な室温と風向きの調節ができるエアコンがある。（ ）（ ）

2 広い画面と高度の解像力をそなえた監指カメラを設置した。（ ）（ ）

3 山頂付近に群生する貴長な高山植物の採取は法律で禁じられている。（ ）（ ）

4 結論を急ぐより慎重に検当を重ねる方が問題解決への近道である。（ ）（ ）

5 登山には予測される最悪の事体に対応できる計画と準備が必要だ。（ ）（ ）

11 大事にイタらなくて良かった。（ ）

12 皿に料理をモりつける。（ ）

13 裁判はオオヤケの場で行われる。（ ）

14 単純なミスをセめられて困った。（ ）

15 森の奥に秘密のハナゾノがある。（ ）

16 細かい説明はハブく。（ ）

17 そろそろコロモ替えの時季になった。（ ）

18 稲がコガネいろに実っている。（ ）

19 都会を離れてイナカで暮らす。（ ）

20 うっとうしいツユ空を見上げる。（ ）

実戦模擬テスト ⑵

解答には、常用漢字の旧字体や表外漢字および常用漢字音訓表以外の読みを使ってはいけない。

時間 60分　合格点 140/200　得点

(一) 次の――線の読みをひらがなで記せ。 (30) 1×30

1 ロングシュートを豪快に決める。（　　）
2 駅前の雑踏で姉とはぐれた。（　　）
3 注意力が散漫で失敗が多い。（　　）
4 治療のために薬剤を投与する。（　　）
5 強敵を倒して優越感に浸る。（　　）
6 露天風呂から星空を見上げる。（　　）
7 日本舞踊を習っている。（　　）
8 室内装飾が得意な工務店だ。（　　）
9 若々しくて躍動感にあふれる。（　　）
10 今日は空気が乾燥している。（　　）
11 単なる憶測にすぎなかった。（　　）
12 秀麗な富士山を仰ぎ見た。（　　）
13 シャボン玉は瞬時に消えた。（　　）
14 厳かな雅楽の演奏が始まる。（　　）

(二) 次の――線のカタカナにあてはまる漢字をそれぞれのア～オから選び、記号で答えよ。 (30) 2×15

1 激しいテイ抗にあった。（　　）
2 新しく防波テイを築く。（　　）
3 師テイ愛の美談に感動した。（　　）
(ア程　イ抵　ウ提　エ弟　オ堤)

4 海外旅行でシ野を広める。（　　）
5 時代を風シした漫画だ。（　　）
6 集会の趣シ説明があった。（　　）
(ア視　イ詞　ウ支　エ刺　オ旨)

7 新たな疑問がフ上してきた。（　　）
8 ごくフ通の生活をしている。（　　）
9 心臓にフ担がかかる。（　　）
(ア負　イ浮　ウ付　エ普　オ賦)

10 列車の到着がチ延した。（　　）
11 意見が見事に一チした。（　　）
12 サケのチ魚を放流する。（　　）
(ア知　イ稚　ウ遅　エ値　オ致)

(四) 熟語の構成のしかたには次のようなものがある。 (20) 2×10

ア 同じような意味の漢字を重ねたもの　(岩石)
イ 反対または対応の意味を表す漢字を重ねたもの　(高低)
ウ 上の字が下の字を修飾しているもの　(洋画)
エ 下の字が上の字の目的語・補語になっているもの　(着席)
オ 上の字が下の字の意味を打ち消しているもの　(非常)

次の熟語は右のどれにあたるか、記号で答えよ。

1 仰天（　　）
2 脂肪（　　）
3 雌雄（　　）
4 歓声（　　）
5 皮膚（　　）
6 堅固（　　）
7 激怒（　　）
8 更衣（　　）
9 需給（　　）
10 未完（　　）

15 切り立った絶壁を登った。（　　）
16 文化の殿堂と称される博物館だ。（　　）
17 現実から逃避してはだめだ。（　　）
18 先例を踏襲した形で行う。（　　）
19 なかなか妙案が思いつかない。（　　）
20 思い違いで迷惑を掛けた。（　　）
21 大雪のために列車が遅れた。（　　）
22 ヒョウが獲物をねらう。（　　）
23 合戦で手柄を立てた。（　　）
24 大会の開幕が迫っている。（　　）
25 川底まで透き通って見える。（　　）
26 品物に礼状を添えて送る。（　　）
27 足腰は丈夫にできています。（　　）
28 座敷の畳を入れ替えた。（　　）
29 雲一つないよい日和だ。（　　）
30 途中で吹雪に見舞われた。（　　）

13 世の人のためにツくす。（　　）
14 会長の任にツいた。（　　）
15 帰郷して家業をツいだ。（　　）
（ア継　イ尽　ウ就　エ付　オ次）

(三) 1～5の三つの□に**共通する漢字**を入れて熟語を作れ。漢字は**ア～コ**から一つ選び、**記号**で答えよ。（10）2×5

1 強□・□撃・猛□（　　）
2 追□・唐□・□端（　　）
3 □勢・富□・□快（　　）
4 激□・□源・耐□（　　）
5 酸□・相□・合理□（　　）

ア豪	イ性	ウ化	エ攻	オ流
カ震	キ突	ク及	ケ威	コ振

(五) 次の漢字の**部首**を**ア～エ**から選び、**記号に〇**をせよ。（10）1×10

1 瞬（ア目　イ舛　ウ⺍　エ夕）
2 翼（ア田　イ八　ウ二　エ羽）
3 塔（ア土　イ艹　ウ人　エ口）
4 曇（ア厶　イ日　ウ⻗　エ二）
5 豪（ア亠　イ豕　ウ口　エ冖）
6 警（ア艹　イ勹　ウ攵　エ言）
7 致（ア至　イ厶　ウ土　エ攵）
8 雑（ア丿　イ木　ウ亻　エ隹）
9 床（ア亠　イ厂　ウ广　エ木）
10 耕（ア木　イ耒　ウ二　エ丨）

(六) 後の□内のひらがなを漢字に直して□に入れ、対義語・類義語を作れ。ただし、□内のひらがなは必ず一度使い、（ ）に一字記入せよ。 (20) 2×10

対義語

1 刺激―反□ （ ）
2 逃走―□跡 （ ）
3 保守―□新 （ ）
4 過失―□意 （ ）
5 険悪―柔□ （ ）

類義語

6 手柄―功□ （ ）
7 備蓄―□蔵 （ ）
8 激賞―絶□ （ ）

(八) 文中の四字熟語の――線のカタカナを漢字に直せ。（ ）に一字記入せよ。 (20) 2×10

1 まじめで前途有ボウな若者だ。 （ ）
2 努力家で大器バン成型の人だ。 （ ）
3 難題を抱えて悪戦ク闘している。 （ ）
4 善良だが意シ薄弱なのが欠点だ。 （ ）
5 常に不ゲン実行の人だった。 （ ）
6 ヒン行方正で優秀な好青年だ。 （ ）
7 本末テン倒の議論だと批判された。 （ ）
8 電光石カの早業に息をのんだ。 （ ）

(十) 次の――線のカタカナを漢字に直せ。 (40) 2×20

1 ケーキを三人でキントウに分ける。 （ ）
2 怒らせるのはトクサクではない。 （ ）
3 水路がフクザツに入り込んでいる。 （ ）
4 車のエンジンがコショウした。 （ ）
5 品質にカクダンの差がある。 （ ）
6 自分にサイテキな職を見つけた。 （ ）
7 身軽なフクソウで旅に出た。 （ ）
8 適切にヨウリョウよく話す。 （ ）
9 合格してウチョウテンになった。 （ ）
10 計画はゴクヒで進められた。 （ ）

9 手本―□範（　）

10 互角―対□（　）

かく・こ・さん・せき・ちょ・つい・とう・のう・も・わ

(七) 次の――線の**カタカナ**を**漢字一字**と**送りがな(ひらがな)**に直せ。 (10) 2×5

〈例〉 問題に**コタエル**。（答える）

1 坂道を**コロガル**ように して下った。（　）

2 待望**ヒサシイ**大物選手の出現だ。（　）

3 氷を入れて湯を**サマス**。（　）

4 銀行に預金口座を**モウケル**。（　）

5 友の頼みを**ココロヨク**引き受けた。（　）

9 起**ショウ**転結の整った文章だ。（　）

10 しばらく沈思黙**コウ**して決断した。（　）

(九) 次の各文にまちがって使われている**同じ読みの漢字**が**一字**ある。**上に誤字**を、**下に正しい漢字**を記せ。 (10) 2×5

1 両国の首能は和平と友好関係を継続させるための協議を進めている。［　］（　）

2 入試を目前にして不得意な科目の克服に勢一杯の努力をした。［　］（　）

3 発掘された古代遺跡を集復して保存する取り組みが始まった。［　］（　）

4 地球温暖化と大気中の二酸化炭素の量とは密節な関連がある。［　］（　）

5 難題の解決に皆が混惑している中で画期的な提案があった。［　］（　）

11 不要な部分を取り**ノゾ**く。（　）

12 英語は**カタコト**しか話せない。（　）

13 資金不足を借入金で**オギナ**う。（　）

14 珍しいお**ミヤゲ**をいただいた。（　）

15 夢は大**ウナバラ**を旅することだ。（　）

16 大きな**ココロザシ**を持とう。（　）

17 交番でお**マワ**りさんに道を聞いた。（　）

18 期日に間に合うか**アヤ**うい。（　）

19 口を**ト**ざして語らない。（　）

20 頼もしい**ワコウド**に成長した。（　）

実戦模擬テスト (3)

解答には、常用漢字の旧字体や表外漢字および常用漢字音訓表以外の読みを使ってはいけない。

時間 60分　合格点 140/200　得点

(一) 次の――線の読みをひらがなで記せ。 (30) 1×30

1 積み荷を満載したトラックだ。（　）
2 現地を詳細に調査する。（　）
3 話の前後が矛盾している。（　）
4 大雨で河川は濁流と化した。（　）
5 芸人の珍妙なしぐさを笑う。（　）
6 大雨で堤防が決壊した。（　）
7 法律に抵触する行為だ。（　）
8 駅前通りに店舗を構えた。（　）
9 物価が天井知らずに上がる。（　）
10 人は天賦の才能を有している。（　）
11 当時の印象が鮮明に残っている。（　）
12 総会で会費を徴収します。（　）
13 正座して高僧の説教を聞く。（　）
14 室内では素足で過ごす。（　）

(二) 次の――線のカタカナにあてはまる漢字をそれぞれのア〜オから選び、記号で答えよ。 (30) 2×15

1 愛国心をコ吹する映画だ。（　）
2 論より証コということがある。（　）
3 事実がコ張して伝えられた。（　）
(ア誇　イ固　ウ拠　エ鼓　オ呼)

4 タイ震住宅に建てかえた。（　）
5 昼夜交タイの勤務です。（　）
6 祝賀会に招タイされた。（　）
(ア帯　イ耐　ウ替　エ対　オ待)

7 首都ケンに人口が集中する。（　）
8 専門家のケン解が分かれた。（　）
9 外国に大使を派ケンした。（　）
(ア件　イ圏　ウ権　エ見　オ遣)

10 盛大なハク手で迎えた。（　）
11 二ハク三日の日程で旅をした。（　）
12 因果関係は稀ハクである。（　）
(ア拍　イ博　ウ迫　エ泊　オ薄)

(四) 熟語の構成のしかたには次のようなものがある。 (20) 2×10

ア 同じような意味の漢字を重ねたもの　（岩石）
イ 反対または対応の意味を表す漢字を重ねたもの　（高低）
ウ 上の字が下の字を修飾しているもの　（洋画）
エ 下の字が上の字の目的語・補語になっているもの　（着席）
オ 上の字が下の字の意味を打ち消しているもの　（非常）

次の熟語は右のどれにあたるか、記号で答えよ。

1 斜面（　）
2 攻守（　）
3 無恥（　）
4 下降（　）
5 鎖国（　）
6 継続（　）
7 脱色（　）
8 敏感（　）
9 離合（　）
10 詳細（　）

15 その点は十分に考慮します。（　　）
16 行動は敏速を第一とする。（　　）
17 他人事のように傍観していた。（　　）
18 インドから渡来した織物だ。（　　）
19 雌雄を決するときがきた。（　　）
20 強敵を相手に奮闘する。（　　）
21 攻撃力では相手チームに勝る。（　　）
22 お盆にはお墓参りをする。（　　）
23 誕生日に記念の品を贈る。（　　）
24 ボールが弾んで転がった。（　　）
25 急に大声で叫び出した。（　　）
26 魚の煮物をいただいた。（　　）
27 大和の古寺を巡る旅だ。（　　）
28 漁船が沖で操業している。（　　）
29 旅館でお土産の品定めをする。（　　）
30 一人息子で大事にされる。（　　）

13 犯人を取りオさえた。（　　）
14 相手の胸中をオし量る。（　　）
15 重大な責務をオっている。（　　）
（ア 追　イ 推　ウ 負　エ 置　オ 押）

(三) 1〜5の三つの□に**共通する漢字**を入れて熟語を作れ。漢字は**ア〜コ**から一つ選び、**記号**で答えよ。 (10) 2×5

1 追□・□第・普□（　　）
2 □典・神□・□緯（　　）
3 □動・□乱・物□（　　）
4 □入・□攻・□略（　　）
5 □殖・□忙・農□期（　　）

ア 究	イ 侵	ウ 繁	エ 及	オ 祭
カ 古	キ 振	ク 経	ケ 騒	コ 突

(五) 次の漢字の**部首**を**ア〜エ**から選び、**記号に○**をせよ。 (10) 1×10

1 威（ア 厂　イ 弋　ウ 戈　エ 女）
2 圏（ア 囗　イ ⺍　ウ 大　エ 己）
3 創（ア 人　イ 刂　ウ 口　エ 亅）
4 域（ア 土　イ 弋　ウ 戈　エ 口）
5 珍（ア 人　イ 彡　ウ 王　エ 土）
6 劣（ア 亅　イ 小　ウ ノ　エ 力）
7 触（ア ノ　イ 角　ウ 冂　エ 虫）
8 我（ア 戈　イ 牛　ウ 扌　エ 弋）
9 環（ア 王　イ 土　ウ 罒　エ 口）
10 尋（ア 寸　イ 工　ウ 口　エ 十）

（六）後の□内のひらがなを漢字に直して□に入れ、対義語・類義語を作れ。ただし、□内のひらがなは必ず一度使い、（　）に一字記入せよ。 (20) 2×10

対義語

1 侵入―退□（　）
2 遠方―□隣（　）
3 集中―分□（　）
4 増進―□退（　）
5 臨時―定□（　）

類義語

6 釈明―□解（　）
7 俗悪―下□（　）
8 風刺―□肉（　）

（八）文中の四字熟語の――線のカタカナを漢字に直せ。（　）に一字記入せよ。 (20) 2×10

1 用件を**タン**刀直入に切り出された。（　）
2 **リン**機応変の処置で難を逃れた。（　）
3 忠告を馬耳**トウ**風と聞き流す。（　）
4 さあ、ここからは真剣勝**ブ**だ。（　）
5 熟慮**ダン**行して難局をのり切った。（　）
6 策を練って起死**カイ**生を図る。（　）
7 博**ラン**強記で有名な学者だ。（　）
8 人の考え方は千**サ**万別だ。（　）

（十）次の――線のカタカナを漢字に直せ。 (40) 2×20

1 坂を登り切ると**シカイ**が開けた。（　）
2 行方不明者の**アンピ**を気遣う。（　）
3 駅の構内は**コンザツ**していた。（　）
4 銅像の**ジョマク**式に参列した。（　）
5 妙案を得て**サッソク**試してみた。（　）
6 指示が出るまで**タイキ**している。（　）
7 新たな問題が**ハセイ**した。（　）
8 割れたコップの**ハヘン**を集める。（　）
9 性格は**メイロウ**で快活な人だ。（　）
10 講演内容は**ロクオン**してある。（　）

9 推量 ― 推□ （　　）

10 縁者 ― 親□ （　　）

きょ・きん・げん・さん・そく
ひ・ひん・べん・るい・れい

(七) 次の――線のカタカナを**漢字一字**と**送りがな(ひらがな)**に直せ。 (10) 2×5

〈例〉 問題に**コタエル**。（答える）

1 経験に**モトヅク**見解である。（　　）

2 合格の喜びを**アジワウ**。（　　）

3 険しい山々が**ツラナッ**ている。（　　）

4 今を**サカリ**と咲き乱れている。（　　）

5 駅前で飲食店を**イトナム**。（　　）

9 何事にも**用意シュウ到**な人だ。（　　）

10 神にもうでて**ホウ年満作**を願う。（　　）

(九) 次の各文にまちがって使われている**同じ読みの漢字**が**一字**ある。**上に誤字を**、**下に正しい漢字**を記せ。 (10) 2×5

1 宿泊したホテル従業員の親切で行き届いた往対に好意を抱いた。［　　］（　　）

2 ある種の動物の異常行動から地震を与知しようという研究がある。［　　］（　　）

3 地球温暖化の防止は環境問題解決のための重要な科題である。［　　］（　　）

4 一筋の用水路で句切られた向こう側には黄色い菜の花畑が広がっていた。［　　］（　　）

5 古都の歴史的恵観を保存するために建物の高さを制限する。［　　］（　　）

11 店頭に**マネ**き猫が飾ってある。（　　）

12 強敵をあっさりと**シリゾ**けた。（　　）

13 有名人の**コワイロ**が上手な芸人だ。（　　）

14 法に従って罪は**サバ**かれる。（　　）

15 運を天に**マカ**せる。（　　）

16 古い書類は処分して差し**ツカ**えない。（　　）

17 少し**オク**れて付いてきた。（　　）

18 式典は**オゴソ**かに執り行われた。（　　）

19 足取りも**カロ**やかに帰ってきた。（　　）

20 漢字から**カナ**文字が生まれた。（　　）

実戦模擬テスト ⑷

解答には、常用漢字の旧字体や表外漢字および常用漢字音訓表以外の読みを使ってはいけない。

時間 60分　合格点 140/200　得点

(一) 次の――線の読みをひらがなで記せ。（30）1×30

1 対局は序盤から波乱ぶくみだ。（　）
2 柔和な表情にもどった。（　）
3 ガスもれによる爆発だ。（　）
4 地盤の沈下が止まらない。（　）
5 品評会で秀作に選ばれた。（　）
6 急な斜面を転げ落ちた。（　）
7 床上浸水の被害が出た。（　）
8 足もとをすくわれて転倒した。（　）
9 警察に盗難届けを出した。（　）
10 損害は微々たるものだ。（　）
11 雨具は登山の必需品だ。（　）
12 敏速な対応で難を逃れた。（　）
13 パソコンは一般に普及している。（　）
14 社会を風刺した漫画だ。（　）

(二) 次の――線のカタカナにあてはまる漢字をそれぞれのア～オから選び、記号で答えよ。（30）2×15

1 手厚いカン迎を受けた。（　）
2 冬は空気がカン燥しがちだ。（　）
3 映画をカン賞する。（　）
（ア環　イ乾　ウ鑑　エ歓　オ勧）

4 決勝戦が実キョウ中継される。（　）
5 好試合に観衆は熱キョウした。（　）
6 声を限りに絶キョウした。（　）
（ア叫　イ競　ウ況　エ狂　オ凶）

7 害虫の繁ショクをおさえる。（　）
8 室内装ショクが得意な工務店だ。（　）
9 法律に抵ショクする。（　）
（ア飾　イ触　ウ色　エ植　オ殖）

10 必要書類をテン付する。（　）
11 試合は有利にテン開した。（　）
12 式テンは厳かに挙行された。（　）
（ア典　イ展　ウ転　エ添　オ殿）

(四) 熟語の構成のしかたには次のようなものがある。（20）2×10

ア 同じような意味の漢字を重ねたもの（岩石）
イ 反対または対応の意味を表す漢字を重ねたもの（高低）
ウ 上の字が下の字を修飾しているもの（洋画）
エ 下の字が上の字の目的語・補語になっているもの（着席）
オ 上の字が下の字の意味を打ち消しているもの（非常）

次の熟語は右のどれにあたるか、記号で答えよ。

1 昇天（　）
2 珍品（　）
3 送迎（　）
4 遠征（　）
5 整髪（　）
6 清濁（　）
7 未詳（　）
8 珍奇（　）
9 白壁（　）
10 打撃（　）

15 マグロの養殖場がある。（　　）
16 新しい趣向を凝らす。（　　）
17 人権の侵害だと訴えた。（　　）
18 親子四人の平凡な家庭だ。（　　）
19 友を見捨てるとは薄情だ。（　　）
20 傷口の治療を受けた。（　　）
21 小旗を振って行進した。（　　）
22 我が身の不運を嘆く。（　　）
23 淡い望みをかけている。（　　）
24 リスは巣穴に食料を蓄える。（　　）
25 思わず顔を背けた。（　　）
26 朝までぐっすり眠った。（　　）
27 山間の村は霧に包まれた。（　　）
28 思わず吹き出してしまった。（　　）
29 五月晴れのさわやかな天気だ。（　　）
30 船に乗って大海原を旅したい。（　　）

13 雨で遠足がノびた。（　　）
14 会議で自分の意見をノべる。（　　）
15 事件の記事が新聞にノった。（　　）
（ア載　イ野　ウ延　エ乗　オ述）

(三) 1〜5の三つの□に**共通する漢字**を入れて熟語を作れ。漢字は**ア〜コ**から一つ選び、**記号**で答えよ。 (10) 2×5

1 □養・治□・医□（　　）
2 末□・首□・□翼（　　）
3 □線・路□・□観（　　）
4 勇□・□動・跳□（　　）
5 □限・至□・□彩色（　　）

ア猛	イ静	ウ傍	エ有	オ極
カ療	キ躍	ク端	ケ尾	コ脱

(五) 次の漢字の**部首**を**ア〜エ**から選び、**記号に○**をせよ。 (10) 1×10

1 奇（ア一　イ口　ウ亅　エ大）
2 壁（ア尸　イ口　ウ辛　エ土）
3 載（ア十　イ土　ウ車　エ戈）
4 幾（ア弋　イ幺　ウ戈　エ人）
5 愛（ア爫　イ冖　ウ心　エ夂）
6 扇（ア戸　イ羽　ウ一　エ尸）
7 趣（ア土　イ走　ウ耳　エ又）
8 替（ア二　イ人　ウ大　エ曰）
9 攻（ア攵　イノ　ウ工　エ又）
10 薄（ア艹　イ氵　ウ田　エ寸）

（六）

後の□内のひらがなを漢字に直して□に入れ、**対義語・類義語**を作れ。□内のひらがなは必ず一度使い、（ ）に一字記入せよ。

(20) 2×10

対義語

1 地味―□手

2 回避―直□

3 冷静―□奮

4 任意―強□

5 基本―□用

類義語

6 日常―平□

7 使命―□務

8 傾向―風□

（八）

文中の**四字熟語**の――線の**カタカナ**を**漢字**に直せ。（ ）に**一字記入**せよ。

(20) 2×10

1 試合が終わるまでは**ユ**断大敵だ。

2 容**シ**端麗で、もの静かな美人だ。

3 議**ロン**百出で収まりがつかない。

4 難問は急**テン**直下、解決した。

5 師の教えを金**カ**玉条としている。

6 無**ミ**乾燥な長話に閉口した。

7 スピーチには美**ジ**麗句が目立った。

8 お安くて便利で一**キョ**両得です。

（十）

次の――線の**カタカナ**を**漢字**に直せ。

(40) 2×20

1 修正案に**サンドウ**した。

2 経営の**ホウシン**が決定された。

3 けが人を病院に**シュウヨウ**する。

4 制度の**カイカク**に着手した。

5 住民の**シジ**を取り付けた。

6 手術後の**ケイカ**は良好だ。

7 新鋭の機器を**ドウニュウ**した。

8 父の**ユイゴン**どおり家業を継いだ。

9 面倒な仕事は**ケイエン**されがちだ。

10 インフレで貯金が**メベ**りした。

9 不在—□守（　　）

10 明朗—□活（　　）

おう・かい・こう・せい・せき
そ・ちょう・は・めん・る

(七) 次の——線のカタカナを漢字一字と送りがな（ひらがな）に直せ。 (10) 2×5

〈例〉 問題にコタエル。（答える）

1 衛生設備をトトノエル。（　　）

2 いつハテルともなく作業は続く。（　　）

3 聞きしにマサル見事なながめだ。（　　）

4 舞台経験のユタカナ役者だ。（　　）

5 責任の所在をアキラカニする。（　　）

9 成果が出るまでは五リ霧中だ。（　　）

10 制作に一心不ランで取り組んだ。（　　）

(九) 次の各文にまちがって使われている同じ読みの漢字が一字ある。上に誤字を、下に正しい漢字を記せ。 (10) 2×5

1 二十世紀後半には月への有人探査という宇宙改発の偉業があった。［　］（　）

2 吹奏楽団を先頭にした入場行進に会場の観集は歓迎の拍手を送った。［　］（　）

3 諸外国を旅して見聞を広げることは豊かな人間形勢に役立つ。［　］（　）

4 芸能番組などの司会者には機点のきいた話術が要求される。［　］（　）

5 古い民家の残る地域が重要伝統的建造物群保存地区に刺定された。［　］（　）

11 遊園地でマイゴになった。（　　）

12 決めたルールにはシタガうべきだ。（　　）

13 優勝を目指して作戦をネる。（　　）

14 会場へワレサキにと駆け込んだ。（　　）

15 指定された席にスワって待つ。（　　）

16 夕焼けの空がクレナイに染まる。（　　）

17 親の恩にムクいる。（　　）

18 休日にシバフの手入れをした。（　　）

19 ムギメシは体に良いと言われる。（　　）

20 里にシグレが降り始めた。（　　）

実戦模擬テスト (5)

解答には、常用漢字の旧字体や表外漢字および常用漢字音訓表以外の読みを使ってはいけない。

時間	合格点	得点
60分	140/200	

(一) 次の――線の読みをひらがなで記せ。 (30) 1×30

1 自宅への配達を依頼した。（　）
2 味付けは淡白なほうを好む。（　）
3 父の遺言を読み返している。（　）
4 駅の売店でも販売している。（　）
5 気分転換で疲労回復を図る。（　）
6 料理を囲んで歓談した。（　）
7 神前に威儀を正して参拝する。（　）
8 退職をして今は隠居の身だ。（　）
9 優勝して祝杯を上げる。（　）
10 趣旨に賛同して参加する。（　）
11 初対面で強烈な印象を受けた。（　）
12 現状維持で良しとする。（　）
13 隣人とも仲良くやっている。（　）
14 ヘビやカエルは冬眠する。（　）

(二) 次の――線のカタカナにあてはまる漢字をそれぞれのア〜オから選び、記号で答えよ。 (30) 2×15

1 少女は明るくビ笑した。（　）
2 首ビよく合格できた。（　）
3 非常食料をビ蓄している。（　）
（ア尾　イ鼻　ウ微　エ備　オ美）

4 砂糖の水ヨウ液を作る。（　）
5 日本舞ヨウを習っている。（　）
6 高い教ヨウを身につける。（　）
（ア溶　イ容　ウ養　エ踊　オ腰）

7 苦しい心境をト露した。（　）
8 出張のト中で立ち寄った。（　）
9 海外ト航の手続きを取る。（　）
（ア渡　イ徒　ウ登　エ途　オ吐）

10 総会で会費をチョウ収する。（　）
11 陸上はチョウ躍競技が得意だ。（　）
12 かなり誇チョウした言い方だ。（　）
（ア張　イ帳　ウ頂　エ徴　オ跳）

(四) 熟語の構成のしかたには次のようなものがある。 (20) 2×10

ア 同じような意味の漢字を重ねたもの（岩石）
イ 反対または対応の意味を表す漢字を重ねたもの（高低）
ウ 上の字が下の字を修飾しているもの（洋画）
エ 下の字が上の字の目的語・補語になっているもの（着席）
オ 上の字が下の字の意味を打ち消しているもの（非常）

次の熟語は右のどれにあたるか、記号で答えよ。

1 虚実（　）
2 積載（　）
3 質疑（　）
4 不潔（　）
5 鈍痛（　）
6 誤認（　）
7 発汗（　）
8 栄枯（　）
9 謝罪（　）
10 善良（　）

15 社会生活の規範を教える。（　　）
16 警官の職務尋問を受けた。（　　）
17 言った事実に相違はない。（　　）
18 体脂肪を減らす運動をする。（　　）
19 説明書を添付して発送する。（　　）
20 物事の是非と善悪について論じる。（　　）
21 若いころは仕事の鬼だった。（　　）
22 冷たい井戸水で顔を洗った。（　　）
23 手押し車で配達をする。（　　）
24 驚いて馬が跳び上がった。（　　）
25 ご注文の通りに致します。（　　）
26 稲刈りの時季になった。（　　）
27 坂を登ると峠に出た。（　　）
28 当初の計画を推し進める。（　　）
29 規則に基づいて処理する。（　　）
30 お巡りさんに道を尋ねた。（　　）

13 馬が驚いてカけ出した。（　　）
14 常識にカけるふるまいだ。（　　）
15 大は小をカねる。（　　）
（ア兼　イ替　ウ駆　エ刈　オ欠）

(三)

1〜5の三つの□に**共通する漢字**を入れて熟語を作れ。漢字はア〜コから一つ選び、**記号**で答えよ。 (10) 2×5

1 舞□・□破・□査（　　）
2 □縮・□淡・□霧（　　）
3 □息・感□・□願（　　）
4 回□・□難・退□（　　）
5 □密・木□・□菓子（　　）

ア 踊	イ 避	ウ 想	エ 踏	オ 恐
カ 嘆	キ 精	ク 濃	ケ 綿	コ 吐

(五)

次の漢字の**部首**を**ア〜エ**から選び、**記号に○**をせよ。 (10) 1×10

1 戯（ア 戈　イ 弋　ウ 虍　エ ト）
2 罰（ア 刂　イ 言　ウ 罒　エ 口）
3 尾（ア 毛　イ 尸　ウ ノ　エ し）
4 壱（ア 一　イ 匕　ウ 冖　エ 士）
5 準（ア 丨　イ 隹　ウ 氵　エ 十）
6 繰（ア 幺　イ 糸　ウ 口　エ 木）
7 剤（ア 亠　イ 文　ウ 斉　エ 刂）
8 粒（ア 木　イ 米　ウ 亠　エ 立）
9 襲（ア 亠　イ 立　ウ 衣　エ 月）
10 疲（ア 广　イ 疒　ウ 皮　エ 又）

(六)

後の□内のひらがなを漢字に直して□に入れ、対義語・類義語を作れ。ただし、□内のひらがなは必ず一度使い、（　）に一字記入せよ。　(20) 2×10

対義語

1 集合―解□　（　）
2 停泊―□行　（　）
3 悲報―□報　（　）
4 部分―全□　（　）
5 却下―□理　（　）

類義語

6 防御―□備　（　）
7 失業―離□　（　）
8 容易―□単　（　）

(八)

文中の四字熟語の――線のカタカナを漢字に直せ。（　）に一字記入せよ。　(20) 2×10

1 目先の利害トク失にとらわれない。　（　）
2 理路セイ然と意見を述べた。　（　）
3 宮司が神社の故事来レキを語った。　（　）
4 驚天ドウ地の大事件が起きた。　（　）
5 前作と同工異キョクで新鮮味がない。　（　）
6 両国は一触即ハツの状況だ。　（　）
7 無理ナン題を押しつけられた。　（　）
8 一ボウ千里の大草原を旅する。　（　）

(十)

次の――線のカタカナを漢字に直せ。　(40) 2×20

1 台所はいつもセイケツにしている。　（　）
2 中学生をタイショウにした調査だ。　（　）
3 技量はエンジュクの域に達している。　（　）
4 完成までの期間をタンシュクした。　（　）
5 親の代からボウエキ商を営んでいる。　（　）
6 駅前でビラをハイフしていた。　（　）
7 国王はミンシュウの支持をえた。　（　）
8 逆転勝ちのツウカイな試合だった。　（　）
9 デジタルの鮮やかなエイゾウだ。　（　）
10 探査機はウチュウへ飛び立った。　（　）

9 所得―□入（　）

10 普通―尋□（　）

かん・こう・さん・しゅ・じゅ
しゅう・じょう・しょく・たい
ろう

(七) 次の――線の**カタカナ**を**漢字一字**と**送りがな（ひらがな）**に直せ。 (10) 2×5

〈例〉問題に**コタエル**。（答える）

1 極寒の**キビシイ**自然の中に生きる。（　）

2 社殿の前庭にハトが**ムレル**。（　）

3 受け付けで来意を**ツゲル**。（　）

4 道に迷って**コマリ**果てた。（　）

5 ごみを**チラカサ**ないようにする。（　）

9 不要品を**ニソク三文**で売り払った。（　）

10 **薄リ多売**の商法で売上をのばした。（　）

(九) 次の各文にまちがって使われている**同じ読みの漢字**が**一字**ある。**上に誤字**を、**下に正しい漢字**を記せ。 (10) 2×5

1 理屈で物を考えるよりも直感で判断する方が的を居ている場合がある。（　）（　）

2 床の間に置いてある飾り物は祖父が仕事の肩手間に作った物だ。（　）（　）

3 異種の生物が相互に利益を与え合って生きる生活要式を共生という。（　）（　）

4 国連は世界平和と安全の維持、諸国間の友幸協力を目的とした組織だ。（　）（　）

5 話し合いは難考したが議長の修正案に異論を唱える者はなかった。（　）（　）

11 山頂で日の出を**オガ**む。（　）

12 会社に休暇の**トド**けを出した。（　）

13 人の意見は**スナオ**に聞こう。（　）

14 波打ちぎわで貝を**ヒロ**う。（　）

15 うまくいくかどうかを**タメ**す。（　）

16 過失を認めて**アヤマ**る。（　）

17 母親が**チノ**み子をあやしている。（　）

18 芸者が**シャミセン**を弾いている。（　）

19 功労賞を**サズ**かった。（　）

20 会長の任に**ツ**いた。（　）

実戦模擬テスト (6)

解答には、常用漢字の旧字体や表外漢字および常用漢字音訓表以外の読みを使ってはいけない。

時間 60分　合格点 140/200　得点

(一) 次の——線の読みをひらがなで記せ。(30) 1×30

1 周囲に与える影響は大きい。（　）
2 豊かな色彩感覚を持つ画家だ。（　）
3 光輝ある母校の伝統を守る。（　）
4 展覧会場に作品を搬入した。（　）
5 新しい分野を開拓した。（　）
6 大入り満員の盛況だ。（　）
7 新築は耐震構造で建てる。（　）
8 実力派として脚光を浴びた。（　）
9 博士の称号が授与された。（　）
10 町の発展に尽力した人だ。（　）
11 濃霧のために列車が遅れた。（　）
12 報道記者を海外に派遣する。（　）
13 通用門は閉鎖しています。（　）
14 都合により予定を変更する。（　）

(二) 次の——線のカタカナにあてはまる漢字をそれぞれのア〜オから選び、記号で答えよ。(30) 2×15

1 今は現状イ持に努めている。（　）
2 良くない行イだと注意した。（　）
3 ダイナマイトのイ力を試す。（　）
（ア威　イ依　ウ維　エ異　オ為）

4 人手不足で多ボウな毎日だ。（　）
5 脂ボウ分をひかえた食事だ。（　）
6 あえてボウ険を試みた。（　）
（ア帽　イ冒　ウ坊　エ忙　オ肪）

7 危険な力所を早期に修理する。（　）
8 朝な夕な寸力をおしんで働く。（　）
9 災害後に力設住宅ができた。（　）
（ア課　イ箇　ウ仮　エ暇　オ過）

10 敗色がノウ厚となってきた。（　）
11 表情に苦ノウの色がにじむ。（　）
12 有ノウな秘書が見つかった。（　）
（ア濃　イ能　ウ納　エ脳　オ悩）

(四) 熟語の構成のしかたには次のようなものがある。(20) 2×10

ア 同じような意味の漢字を重ねたもの（岩石）
イ 反対または対応の意味を表す漢字を重ねたもの（高低）
ウ 上の字が下の字を修飾しているもの（洋画）
エ 下の字が上の字の目的語・補語になっているもの（着席）
オ 上の字が下の字の意味を打ち消しているもの（非常）

次の熟語は右のどれにあたるか、記号で答えよ。

1 雅俗（　）
2 未到（　）
3 就寝（　）
4 興亡（　）
5 添加（　）
6 即答（　）
7 朱色（　）
8 獲得（　）
9 皆勤（　）
10 追跡（　）

15 講演の原稿を作成している。
16 風景の描写が得意な画家だ。
17 電話一本で即刻参上します。
18 池に水草が繁茂している。
19 会員の連絡網を作った。
20 大気汚染を食い止めよう。
21 決して弱音は吐かない。
22 笑う門には福来たる。
23 新しい革のカバンを買った。
24 見事な離れ業には驚いた。
25 軒から雨の滴が垂れている。
26 野に咲く花を摘んで遊ぶ。
27 予報は晴れ時々曇りと出た。
28 失敗して恥ずかしい思いをした。
29 庭の芝生の手入れをする。
30 人里離れた田舎で暮らす。

13 ニた者どうしの集まりだ。
14 ニがした魚は大きい。
15 ニても焼いても食えない。
（ア逃　イ荷　ウ煮　エ似　オ仁）

(三) 1～5の三つの□に**共通する漢字**を入れて熟語を作れ。漢字は**ア～コ**から一つ選び、**記号**で答えよ。 (10) 2×5

1 □動・□妙・軽□
2 攻□・□退・射□
3 □礼・□式・行□
4 □細・未□・□報
5 □力・□沈・□世絵

ア 勢	イ 震	ウ 婚	エ 躍	オ 儀
カ 微	キ 詳	ク 浮	ケ 威	コ 撃

(五) 次の漢字の**部首**を**ア～エ**から選び、**記号に○**をせよ。 (10) 1×10

1 蓄（ア 玄　イ 幺　ウ 艹　エ 田）
2 輩（ア 非　イ 一　ウ 日　エ 車）
3 誉（ア ⺍　イ 言　ウ 八　エ 口）
4 敷（ア 十　イ 日　ウ 攵　エ 方）
5 報（ア 土　イ 干　ウ 又　エ 辛）
6 項（ア エ　イ 目　ウ ハ　エ 頁）
7 堅（ア 匚　イ 又　ウ 土　エ 臣）
8 垂（ア 土　イ 一　ウ 丨　エ 十）
9 覧（ア 臣　イ 匚　ウ 儿　エ 見）
10 越（ア 土　イ 走　ウ 厂　エ 戈）

(六) 後の□内のひらがなを漢字に直して□に入れ、対義語・類義語を作れ。ただし、□内のひらがなは必ず一度使い、( )に一字記入せよ。 (20) 2×10

対義語

1 隷属―□立 ( )
2 浮動―□定 ( )
3 敵対―友□ ( )
4 繁雑―簡□ ( )
5 健康―□弱 ( )

類義語

6 再生―□活 ( )
7 領域―範□ ( )
8 用心―□戒 ( )

(八) 文中の四字熟語の――線のカタカナを漢字に直せ。( )に一字記入せよ。 (20) 2×10

1 父は不眠不キュウで働いた。 ( )
2 モン外不出の名品が展示されている。 ( )
3 創意エフウが認められて入選した。 ( )
4 好キ到来のチャンスを逃がすな。 ( )
5 七難八クに耐えて栄光をつかむ。 ( )
6 悪党の一味を一網ダ尽にした。 ( )
7 探検隊は人跡ミ踏の秘境に入った。 ( )
8 事実無コンのうわさが立った。 ( )

(十) 次の――線のカタカナを漢字に直せ。 (40) 2×20

1 健康も大きなザイサンの一つだ。 ( )
2 水鳥のウモウで作ったふとんだ。 ( )
3 飛行機をソウジュウする。 ( )
4 昔からデンショウされてきた風習だ。 ( )
5 参加者に資料がテイキョウされた。 ( )
6 難民のキュウサイに協力する。 ( )
7 新郎新婦をシュクフクする会だ。 ( )
8 経過はショウリャクして結果を話す。 ( )
9 さすがにドキョウのすわった人だ。 ( )
10 新しくチームをヘンセイする。 ( )

9 重荷 ― 負□ （　　）

10 応援 ― □勢 （　　）

い・か・けい・こ・こう・たん
どく・びょう・ふっ・りゃく

(七) 次の――線の**カタカナ**を**漢字一字**と**送りがな（ひらがな）**に直せ。 (10) 2×5

〈例〉 問題に**コタエル**。（答える）

1 朝から**コマカイ**雨が降っている。（　　）

2 身のこなしの**カロヤカナ**人だ。（　　）

3 山野に遊んで自然に**シタシム**。（　　）

4 音楽に**スグレ**た才能を示す。（　　）

5 **ケワシイ**山道を登った。（　　）

9 注意**サン**漫は事故のもと。（　　）

10 昔から悪事千**リ**を走るという。（　　）

(九) 次の各文にまちがって使われている**同じ読みの漢字**が**一字**ある。**上に誤字**を、**下に正しい漢字**を記せ。 (10) 2×5

1 高速道路縁線の住民への騒音対策として防音壁が作られている。［　　］（　　）

2 研究室に所蔵する図書や資料の一部を別の書庫に整理して修納した。［　　］（　　）

3 動物園の放し買いのコーナーでは幼児たちが実際にウサギを抱ける。［　　］（　　）

4 猛練習の成果を発揮して堅闘したが惜しくも優勝を逃した。［　　］（　　）

5 自然災害の発生に備えてけが人などへの応急処致の講習があった。［　　］（　　）

11 連戦連勝は**ムズカ**しくなってきた。（　　）

12 電話で友を**ヨ**び出した。（　　）

13 身に**オボ**えのない話だ。（　　）

14 **ヒタイ**に汗して働く。（　　）

15 身を**ソ**らして天空を仰ぐ。（　　）

16 勝敗の**ユクエ**を占う。（　　）

17 就職は人生の大きな**フシメ**である。（　　）

18 予選を**ヘ**て県の代表となった。（　　）

19 相手の胸中を**オ**し量る。（　　）

20 合格して**ウチョウテン**になった。（　　）

資料

資料1　小学校学年別　配当漢字表

	ア	イ	ウ	エ	オ	カ	キ	ク	ケ	コ	サ
1年		一	右雨	円	王音	下火花貝学	気九休玉金	空	月犬見	五口校	左三山
2年		引	羽雲	園遠		何科夏家歌画回会海絵外角楽活間丸岩顔	汽記帰弓牛魚京強教近		兄形計元言原	戸古午後語工公広交光考行高黄合谷国黒今	才細作算
3年	悪安暗	医委意育員院飲	運	泳駅	央横屋温	化荷界開階寒感漢館岸	起期客究急級宮球去橋業曲局銀	区苦具君	係軽血決研県	庫湖向幸港号根	祭皿
4年	愛案	以衣位茨印		英栄媛塩	岡億	加果貨課芽賀改械害街各覚潟完官管関観願	岐希季旗器機議求泣給挙漁共協鏡競極	熊訓軍郡群	径景芸欠結建健験	固功好香候康	佐差菜最埼材崎昨札刷察参産散残
5年	圧	囲移因		永営衛易益液演	応往桜	可仮価河過快解格確額刊幹慣眼	紀基寄規喜技義逆久旧救居許境均禁	句	型経潔件険検限現減	故個護効厚耕航鉱構興講告混	査再災妻採際在財罪殺雑酸賛
6年		胃異遺域	宇	映延沿	恩	我灰拡革閣割株干巻看簡	危机揮貴疑吸供胸郷勤筋		系敬警劇激穴券絹権憲源厳	己呼誤后孝皇紅降鋼刻穀骨困	砂座済裁策冊蚕

	シ	ス	セ	ソ	タ	チ	ツ	テ	ト	ナ	ニ	ネ
1年	子四糸字耳七車手十出女小上森人	水	正生青夕石赤千川先	早草足村	大男	竹中虫町		天田	土		二日入	年
2年	止市矢姉思紙寺自時室社弱首秋週春書少場色食心新親	図数	西声星晴切雪船線前	組走	多太体台	地池知茶昼長鳥朝直	通	弟店点電	刀冬当東答頭同道読	内南	肉	
3年	仕死使始指歯詩次事持式実写者主守取酒受州拾終習集住重宿所暑助昭消商章勝乗植申身神真深進		世整昔全	相送想息速族	他打対待代第題炭短談	着注柱丁帳調	追	定庭笛鉄転	都度投豆島湯登等動童			
4年	氏司試児治滋辞鹿失借種周祝順初松笑唱焼照城縄臣信		成省清静席積折節説浅戦選然	争倉巣束側続卒孫	帯隊達単	置仲沖兆		低底的典伝	徒努灯働特徳栃	奈梨		熱念
5年	士支史志枝師資飼示似識質舎謝授修述術準序招証象賞条状常情織職		制性政勢精製税責績接設絶	祖素総造像増則測属率損	貸態団断	築貯張		停提程適	統堂銅導得毒独		任	燃
6年	至私姿視詞誌磁射捨尺若樹収宗就衆従縦縮熟純処署諸除承将傷障蒸針仁	垂推寸	盛聖誠舌宣専泉洗染銭善	奏窓創装層操蔵臓存尊	退宅担探誕段暖	値宙忠著庁頂腸潮賃	痛	敵展	討党糖届	難	乳認	

字数	1年 計八〇	2年 計一六〇	3年 計二〇〇	4年 計二〇二	5年 計一九三	6年 計一九一
ノ			農		能	納脳
ハ	白八	馬売買麦半番	波配倍箱畑発反坂板	敗梅博阪飯	破犯判版	派拝背肺俳班晩
ヒ	百		皮悲美鼻筆氷表秒病品	飛必票標	比肥非費備評貧	否批秘俵
フ	文	父風分聞	負部服福物	不夫付府阜富副	布婦武復複仏粉	腹奮
ヘ		米	平返勉	兵別辺変便	編弁	並陛閉片
ホ	木本	歩母方北	放	包法望牧	保墓報豊防貿暴	補暮宝訪亡忘棒
マ		毎妹万		末満		枚幕
ミ			味	未民	脈	密
ム				無	務夢	
メ	名	明鳴	命面		迷綿	盟
モ	目	毛門	問			模
ヤ		夜野	役薬	約		訳
ユ		友	由油有遊	勇	輸	郵優
ヨ		用曜	予羊洋葉陽様	要養浴	余容	預幼欲翌
ラ		来	落			乱卵覧
リ	立力林	里理	流旅両緑	利陸良料量輪	略留領	裏律臨
ル				類		
レ			礼列練	令冷例連	歴	
ロ	六		路	老労録		朗論
ワ		話	和			

資料2　級別漢字表

小学校学年別配当漢字を除く

	4級	3級	準2級
ア	握扱	哀	亜
イ	依威為偉違維緯壱芋陰隠	慰	尉逸姻韻
ウ			畝浦
エ	影鋭越援煙鉛縁	詠悦閲炎宴	疫謁猿
オ	汚押奥憶	欧殴乙卸穏	凹翁虞
カ	菓暇箇雅介戒皆壊較獲刈甘汗乾勧歓監環鑑含	佳架華嫁餓怪悔塊慨該概郭隔穫岳掛滑肝冠勘貫喚換敢緩	渦禍靴寡稼蚊拐懐劾涯垣核殻嚇括喝渇褐轄且缶陥患堪棺款閑寛憾還艦頑
キ	奇祈鬼幾輝儀戯詰却脚及丘朽巨拠距御凶叫狂況狭恐響驚仰	企忌軌既棋棄騎欺犠菊吉喫虐虚峡脅凝斤緊	飢宜偽擬糾窮拒享挟恭矯暁菌琴謹襟吟
ク	駆屈掘繰	愚偶遇	隅勲薫
ケ	恵傾継迎撃肩兼剣軒圏堅遣玄	刑契啓掲携憩鶏鯨倹賢幻	茎渓蛍慶傑嫌献謙繭顕懸弦
コ	枯誇鼓互抗攻更恒荒項稿豪込婚	孤弧雇顧娯悟孔巧甲坑拘郊控慌硬絞綱酵克獄恨紺魂墾	呉碁江肯侯洪貢溝衡購拷剛酷昆懇
サ	鎖彩歳載剤咲惨	債催削搾錯撮擦暫	唆詐砕宰栽斎索酢桟傘

	4級	3級	準2級
シ	旨伺刺脂紫雌執芝斜煮釈寂朱狩趣需舟秀襲柔獣瞬旬巡盾召床沼称紹詳丈畳殖飾触侵振浸寝慎震薪尽陣尋	祉施諮侍慈軸疾湿赦邪殊寿潤遵如徐匠昇掌晶焦衝鐘冗嬢錠譲嘱辱伸辛審	肢嗣賜璽漆遮蛇酌爵珠儒囚臭愁酬醜汁充渋銃叔淑粛塾俊准殉循庶緒叙升抄肖尚宵症祥渉訟硝粧詔奨彰償礁浄剰壌醸津唇娠紳診刃迅甚
ス	吹	炊粋衰酔遂穂随髄	帥睡枢崇据杉
セ	是姓征跡占扇鮮	瀬牲婿請斥隻惜籍摂潜繕	斉逝誓析拙窃仙栓旋践遷薦繊禅漸
ソ	訴僧燥騒贈即俗	阻措粗礎双桑掃葬遭憎促賊	租疎塑壮荘捜挿曹喪槽霜藻
タ	耐替沢拓濁脱丹淡嘆端弾	怠胎袋逮滞滝択卓託諾奪胆鍛壇	妥堕惰駄泰濯但棚
チ	恥致遅蓄跳徴澄沈珍	稚畜室抽鋳駐彫超聴陳鎮	痴逐秩嫡衷弔挑眺釣懲勅朕
ツ		墜	塚漬坪
テ	抵堤摘滴添殿	帝訂締哲	呈廷邸亭貞逓偵艇泥迭徹撤
ト	吐途渡奴怒到逃倒唐桃透盗塔稲踏闘胴峠突鈍曇	斗塗凍陶痘匿篤豚	悼搭棟筒謄騰洞督凸屯
ナ			軟
ニ	弐	尿	尼妊忍
ネ		粘	寧
ノ	悩濃		

	4級 計三一三字（5級までの一〇二六字をあわせて一三三九字）	3級 計二八四字（4級までの一三三九字をあわせて一六二三字）	準2級 計三二八字（3級までの一六二三字をあわせて一九五一字）
ハ	杯輩拍泊迫薄爆髪抜罰般販搬範繁盤	婆排陪縛伐帆伴畔藩蛮	把覇廃培媒賠伯舶漠肌鉢閥煩頒
ヒ	彼疲被避尾微匹描浜敏	卑碑泌姫漂苗	妃披扉罷猫賓頻瓶
フ	怖浮普腐敷膚賦舞幅払噴	赴符封伏覆紛墳	扶附譜侮沸雰憤
ヘ	柄壁	癖	丙併塀幣弊偏遍
ホ	捕舗抱峰砲忙坊肪冒傍帽凡盆	募慕簿芳邦奉胞倣崩飽縫乏妨房某膨謀墨没翻	泡俸褒剖紡朴僕撲堀奔
マ	慢漫	魔埋膜又	麻摩磨抹
ミ	妙眠	魅	岬
ム	矛霧娘		
メ		滅免	銘
モ	茂猛網黙紋		妄盲耗
ヤ	躍		厄
ユ	雄	幽誘憂	愉諭癒唯悠猶裕融
ヨ	与誉溶腰踊謡翼	揚揺擁抑	庸窯
ラ	雷頼絡欄	裸濫	羅酪
リ	離粒慮療隣	吏隆了猟陵糧厘	痢履柳竜硫虜涼僚寮倫
ル	涙		累塁
レ	隷齢麗暦劣烈恋	励零霊裂廉錬	戻鈴
ロ	露郎	炉浪廊楼漏	
ワ	惑腕	湾	賄枠

「日本漢字能力検定」の受検の申し込み方法や検定実施日など，検定の詳細につきましては，「日本漢字能力検定協会」のホームページなどをご参照ください。

また，本書に関する最新情報は，当社ホームページにある本書の「サポート情報」をご覧ください。(開設していない場合もございます。)

漢字検定４級　トレーニングノート〔四訂版〕

編著者　絶対合格プロジェクト

発行者　岡　本　泰　治

印刷所　株式会社ユニックス

発行所

©株式会社　増　進　堂

大阪市西区新町２丁目19番15号
TEL(06)6532-1581(代)〒550-0013
FAX(06)6532-1588

落丁・乱丁本はお取り替えします。　高廣製本　Printed in Japan

ひっぱると，はずして使えます。

解答編

―― 漢字検定 4級 トレーニングノート

（×は、まちがえやすい例を示したものです。）

●2～3ページ

1 漢字の読み

1 とうし
2 はんも
3 はくりょく
4 ゆうだい ×おだい
5 てんぷ ×そえふ
6 ゆうが ×いうが
7 えんこ
8 きがん
9 きゃくちゅう ×あしちゅう
10 いせき
11 かんそう
12 びんかん 注↕鈍感
13 くし
14 こうきゅう
15 やくしん
16 くっし
17 かいほう
18 しゅこう
19 のうむ ×こいきり
20 しりょ
21 かんるい
22 あくしゅ
23 いらい
24 しえん 注支＝ささえる 援＝助ける 支援＝力を貸して助ける
25 いぎ
26 そうい
27 とっぱ
28 はんばい
29 いんそつ
30 しゅん 注旬の食材＝食べ頃の時期を迎えた食材のこと
31 ろうきゅう
32 へんきゃく
33 かんせい
34 いじ
35 こちょう ×こはり
36 ひさん
37 かいたく
38 はんしゅつ ×ばんしゅつ
39 もくそう
40 めいわく
41 かくとく ×えとく
42 けいだい ×けいない
43 しんく
44 きじょう ×つくえじょう
45 せんめい
46 びしょう
47 ぜつみょう
48 かんきょう
49 はんい
50 ぶよう ×まいおどり

●4～5ページ

2 漢字の読み

1 そうげい
2 しゅうねん
3 せいじゃく
4 てんぽ
5 きおく
6 がんちく
7 おんけい
8 じょうきょう
9 かんだん
10 じんい
11 とうこう
12 ようし
13 しょうさい
14 じんもん
15 ぼうさつ
16 せいふく
17 てきしゅつ
18 だっぴ ×だつひ
19 ちょうやく
20 とうさ ×ちょうさ
21 とうめい
22 どんてん
23 がんぺき
24 けいしょう
25 ひなん
26 れんぽう
27 まつび
28 くふう
29 はへん
30 ろぼう ×みちばた
31 もうい
32 ふうもん 注風が吹いて砂の上にできる模様
33 しゅよく

●チェックしよう

2「カン」の使い分け

観＝よく見る（観察）
歓＝よろこび（歓声）
勧＝すすめる（勧業）

19 徒競走＝走って速さをきそう。
跳躍競技＝とび上がること（高跳びや、幅跳び）。

34 ちょうきょり
35 れいぞく
36 つうれつ
37 いかん
38 ほくい
39 えいい
40 けいこう
41 けいぞく
42 しゃめん
43 ぎゃくしゅう
44 しんがい
注侵＝無理に入りこむ「侵入」
浸＝水につかる「浸水」
45 そくざ
46 ついきゅう
47 こうたい
48 かせん
×かがわ
49 せいぎょ
50 へいさ

3 漢字の読み

●6〜7ページ

1 いんきょ
2 かんげん
3 はっかん
4 はんきょう
5 はけん
×はい
6 ぼんち
7 こうりょう
×かりょう
8 ぼうとう
9 らんがい
10 がまん
11 れいたん
12 ふちん
×うきしずみ
13 きんりん
14 してき
注よく似た字の使い方に注意
適＝適当。好適
摘＝摘発。指摘
敵＝敵意。宿敵
滴＝水滴。点滴
15 へいぼん
16 ひがい
17 おだく
18 びょうしゃ
19 ぜせい
20 しんちょう
×しんじゅう
21 ちえん
22 ふうぞく
23 ちょうしゅう
24 めいよ
25 どんじゅう
×どんちょう
26 ようせつ
27 とうなん
28 すいてき
29 へんこう
30 さっそく
×そうそく
31 きょうたん
32 かいひん
33 ふうし
34 ふうち
35 しゅうしん
36 しんとう
37 しょうさん
38 ちんちょう
39 はんしょく
40 さんまん
注「散慢」ではない
41 えんせい
42 だとう
43 どうとう
44 りゅうし
×つぶこ
45 したく
46 こうはい
47 しゅう
×めすおす
48 しょうかい
49 どうよう
50 どうたい

4 漢字の読み

●8〜9ページ

1 ばくおん
2 いんえい
注「陰」も「影」も訓読みは「かげ」
3 かいりつ
4 とうかい
5 かんこく
6 かんてい
×かんじょう
7 きさく
8 こんきょ
9 ぜっきょう
10 きょうふ
11 せいそうけん
12 けんにん
13 げんかん
14 ごかく
15 こうや
×あれの
16 しゃくほう
17 さいげつ
18 きさい
19 ごうかい
20 しゅうれい
21 じゅうい
22 じゅんし
23 てんじょう
注「天上」(大空)と混同しないこと。この文での「天井」は、物の値段がいちばん高くなったところ
24 しんこう
25 むじんぞう
26 ていしょく
27 しせき
28 どくせん
29 そうぜん
×そうねん
30 こうぎ
31 たんせい

●チェックしよう

3 38「重」には二つの音読みをする熟語がある。
重宝・重複
ちょうほう・じゅうふく
じゅうほう・ちょうふく

4 17 歳月人を待たず＝年月はどんどん過ぎ去るから、なまけてはいけない、というたとえ。

32 とほう
注 途方に暮れる＝どうしてよいかわからなくなる
33 げきど
34 とうぼう
35 くのう
36 はくじゃく
37 さんぱつ
38 しょばつ
39 いよう
40 ひがん
41 ひってき
42 ふきゅう
43 てんぷ
44 ほかく
45 だつぼう
46 みゃくらく
47 じゅれい
48 れっせい
49 むじゅん
50 とろ

●チェックしよう

4 49「矛盾」のいわれ
何でも貫く(つらぬ)矛(ほこ)と何でも防ぐ盾(たて)とを売る商人が「その矛でその盾を突いたらどうなるか」と聞かれ返答に困った中国の故事から生まれた言葉。

●10～11ページ

5 漢字の読み

1 いちまんにせん
注 縦書きの領収書には、壱、弐、参、拾を使うことが多い
2 えつねん
3 かしょ
×こしょ
4 かいもく
5 かんさ
6 ぎきょく
×くみきょく
7 きょがく
8 きょうき
9 はっくつ
10 きっきょう
11 しんけん
12 けんじ
13 こぶ
14 こうげき
15 ようこう
×ようりょう（要領）
16 こんれい
17 いさい
18 せんざい
19 しゅううん
注「舟（シュウ）」と「船（セン）」の違いに注意
舟＝小さくてさおやろでこぐふね　船＝大きくてエンジンで動かすふね
20 しぼう
21 じゅんかん
22 しがいせん
23 しょうしゅう
24 じゅうじゅん
25 きしょう
26 こし
27 よしん
28 じんよう
29 どうせい
30 そうい
31 たいきゅう
32 こうたく
×ひかりさわ
33 たんてき
34 はいでん
35 とこう
36 ひかく
37 しゅくはく
38 ばくはつ
39 ばつぐん
40 ひろう
41 しょはん
42 ふしょく
43 ぜんぷく
44 きばん
45 ふんえん
46 ごうほう
47 とうみん
48 ちりょう
49 わんしょう
50 ぞうよ

●12～13ページ

6 漢字の読み

1 あつか
2 はず
注 訓読みは三通りある。はず（む）・ひ（く）・たま
3 そむ
4 とまど
5 かんが
6 あわ
7 にぎ
8 いも
9 せま
注 泊＝と（まる）
10 せま
11 か
12 ひま
13 かたむ
14 ひた
15 おか
16 あせ
17 く
18 まこと
19 くわ
20 ふ
21 たきぎ
×まき
22 さわ

●チェックしよう

6 15「おかす」の使い分け
犯す＝悪い行いをする。
冒す＝無理に行う。
侵す＝よそに入りこむ。

46「進める」と「勧める」
進める＝前へ行かせる。
勧める＝そうするようにさそう。

23 す
24 こうむ ×かぶ
25 か
26 いね
27 となり
28 だま
29 むく
30 たの
31 こわ
32 ことがら
33 えもの
34 さけ
35 けむ
注一字では「けむり」。送りがながつくと、「けむ(い)」「けむ(る)」となる
36 おおやけ
37 おそ
38 うかが
39 あざ
40 にぶ
注↔鋭い
41 たず
42 つつし
43 しげ
44 つばさ
45 かく
46 すす
47 おごそ
48 さび
49 おに
50 ほこ

7 漢字の読み
●14～15ページ

1 えら
2 なまりいろ
3 するど
4 おく
5 かげ
6 ふく
7 あや
8 いの
9 うつわ
10 から
注「キ」は音読み。「うつわ」は、物を入れるもののほかに、はたらきのある人物の意味。ここでは前の意味
ことわざ『水は方円の器に従い、人は善悪の友による』（水が入れ物の形に従うように、人は環境や友人、付き合い方によって良くも悪くもなるというたとえ。）
11 はか
12 いなか
13 の
14 うった
15 たて
16 あやま
注「わびる」と区別する
17 まさ
18 おもむき
19 つ ×つま
20 そ
21 あずき ×あづき
22 にご
23 ふ
24 つか
25 かか
26 ひより ×ひなた
27 きたな
28 つか
29 つ
30 たが
31 いまし ×いさ
32 うなばら
33 いくじ
34 むすこ
35 かえり
36 くさり
37 めぐ
38 の
39 たくわ
40 のが ×「にげる」は「に(げる)」
41 わこうど
42 す
43 こ
44 ふぶき
45 つゆ
46 いそが
47 ほま
注よい評判をえること
48 うで
49 わざ
50 つゆ

8 漢字の読み
●16～17ページ

1 ふぶき
2 しまかげ
3 ふち
4 こわ
5 かわ
6 いく
7 かがや
8 およ
9 おか
10 おそ
11 ひび
12 のき
13 かた
注肩の荷がおりる＝責任や引き受けた仕事を果たしてほっとする
14 こい
15 やわ
16 さ
注つく。野球でアウトにする
17 と

●チェックしよう
8 17「とる」のちがい
取る＝手に持つ。取り除く。うばう。食べる。書く。扱う。
執る＝処理する（事務を執る）。手で扱う（筆を執る）。
採る＝さがしてとる。
捕る＝つかまえる。

18 しばふ ×しばう
19 が
20 さみだれ 注五月雨や大河を前に家二軒＝与謝蕪村（よさぶそん）の俳句
21 め
22 とこ 注「ゆか」とも読むが、ここでは「とこ」
23 しぐれ
24 ふ
25 ふ
26 ふ
27 あと 注跡を絶たない＝途中で切れることがなく続いている
28 いた
29 おく
30 ゆくえ
31 めずら
32 つつみ
33 わた
34 たお
35 うす
36 つか
37 し
38 しらが
39 みね
40 ほこさき
41 おど
42 あた
43 つぶ
44 なみだ
45 かわせ
46 はとば
47 もみじ
48 ほが
49 は
50 もよ 注もっとも近い。すぐ近く

9 漢字の読み
●18～19ページ

(1)
1 ク
2 カ
3 ウ 注路肩＝道路の端のがけのようになった部分
4 イ
5 ケ

(2)
1 イ
2 キ
3 オ
4 コ
5 ア

(3)
1 ウ
2 エ 注具現＝実地にあらわすこと
3 ク
4 コ
5 オ

(4)
1 ケ
2 ク
3 ウ
4 ア
5 キ

(5)
1 カ
2 コ
3 イ
4 ケ
5 オ

(6)
1 オ
2 ク
3 イ
4 エ
5 ケ

(7)
1 キ
2 コ
3 カ
4 ウ
5 ア

(8)
1 カ
2 イ
3 ケ
4 ク
5 オ

10 漢字の読み
●20～21ページ

(1)
1 コ
2 カ
3 ア
4 キ
5 オ

(2)
1 コ
2 ウ 注丹精＝まごころこめて行うこと
3 ケ
4 エ
5 カ

(3)
1 ウ
2 キ
3 コ
4 カ
5 イ

(4)
1 コ
2 ク
3 エ
4 オ
5 ケ 注有頂天＝たいへん得意な様子。「勝って有頂天になる」

(5)
1 キ
2 イ
3 ア
4 ケ 注枯淡＝俗っぽくなく、あっさりしていること。「枯淡の境地」
5 ク

(6)
1 ク 注荷担＝力を貸して助けること
2 ケ
3 イ
4 カ 注発露＝あらわれ出ること
5 ウ

(7)
1 キ
2 エ
3 ク
4 オ
5 ア

(8)
1 エ
2 カ
3 コ

4 ク
5 ウ

●11 漢字の読み 22〜23ページ

(1)
1 ク
2 オ
3 ケ
4 エ
注 天賦＝生まれつきの性質。「天賦の才能」
5 ア
注 極致＝このうえもないおもむき。「美の極致」

(2)
1 ケ
2 ウ
3 コ
4 カ
5 キ

(3)
1 ケ
2 カ
注 踏査＝その場に行って調べること。「実地踏査」
3 エ
4 ウ
5 コ

(4)
1 オ
2 カ
3 キ
注 筆舌＝文章やことば。「この感動は筆舌に尽くしがたい」
4 コ
5 ケ

(5)
1 キ
2 オ
3 コ
4 ア
5 イ

(6)
1 エ
2 オ
3 ケ
4 コ
5 ウ

(7)
1 ケ
2 ウ
3 コ
4 イ
5 カ

(8)
1 ウ
2 ケ
注 浮説＝根拠のないうわさ
3 コ
4 カ
5 キ
注 理不尽＝理屈に合わないむちゃなこと。「理不尽な言い分」

●12 誤字訂正 24〜25ページ

1 偉・遺
2 称・象
注 対称＝互いにつり合う
対象＝人が考えたり見たり、はたらきかけたりするときの目的となるもの
対照＝くらべ合わせる
3 殖・増
4 当・討
5 停・低
6 震・奮
注 低迷＝よくない状態から抜け出せないで活動がにぶること
7 異・移
8 用・容
9 仕・支
10 跳・飛
注 「とぶ」はふつう「飛」を使うが、ぴょんぴょんはねたり、はねて何かをとびこえたりする場合は「跳」
11 推・垂
12 威・異
13 誤・謝
注 誤る＝まちがう
謝る＝悪かったと思ってわびる
14 対・待
15 起・揮
16 対・体
注 「絶対」のときは、「対」、「絶体絶命」のときは「体」。使い分けの注意が必要
17 究・極
18 万・満
19 偉・異
20 知・治
21 及・求
注 追及＝責任を明らかにするために追いつめる
追求＝自分のものにしようと追いかける
22 回・解
23 裁・採
24 側・測
25 載・済
26 獲・得
27 加・化
28 較・拡
注 較＝くらべる
拡＝広げる
29 範・判
30 致・置
31 句・口
注 「口」は「ク」と読む。「異口同音」
32 位・囲
33 勧・進
34 霧・夢
35 価・果
36 変・代
37 憲・権
38 処・署
×所名
39 特・得
40 居・射

●13 誤字訂正 26〜27ページ

1 生・星
注 「衛星」と「衛生」のちがいに注意
2 元・基
3 鋭・営
注 営利行為＝利益を得る行い
4 集・衆
5 供・備
6 気・起
7 給・吸
8 押・推
注 おしはかる＝推量
9 卒・率
10 初・染

注 初める＝物事をし始める
染める＝色をつける

11 裁・採
12 営・衛
13 好・効
14 遅・後

注 気後れ＝しりごみをする
遅れる＝決まっている時刻や時期に間に合わないときに使う
後れる＝全体の後のほうになる。取り残されたときに使う

15 告・刻
16 画・格
17 付・就
18 較・革
19 鑑・幹
20 耐・絶
21 理・利
22 元・限
23 体・帯
24 志・姿
25 途・徒

注 徒労＝むだな骨折り

26 映・栄
27 律・率
28 起・帰
29 感・慣
30 益・易
31 眼・丸
32 整・静
33 清・精

注 清算＝貸し借りを計算してきまりをつけること
精算＝こまかに計算すること↔概算

34 抱・放
35 待・対
36 採・裁
37 唱・証
38 戦・選
39 激・劇
40 用・様

14 同音・同訓異字

●28〜29ページ

1 イ
2 オ
3 ウ　×偉彩
4 エ
5 ウ
6 ア
7 オ

注 騒音＝やかましくてうるさい音

8 イ
9 ア

注 創造＝今までにないものを初めてつくること。「想像」と混同しない

10 ア

注 繁茂＝草や木が生い茂ること

11 ウ
12 イ
13 ウ
14 ア
15 エ
16 オ

注 文脈から「好天」と「荒天」を区別しよう。
・好天に恵まれる。
・荒天をついて出発する。

17 エ
18 ア
19 オ

注 踏破＝長い道のりや険しい道などを歩き通すこと

20 ア

注 唐突＝いきなり。だしぬけ

21 ウ
22 イ
23 ウ
24 エ
25 オ

注 浸食＝水や風の力で岩石や土地がけずり取られること
侵食＝少しずつくいこんでおかしていくこと

26 イ
27 エ
28 ア

注 皆目＝全然。まるで。下に打ち消しの語をともなう

29 ウ
30 エ
31 ア
32 オ
33 イ
34 エ
35 ア
36 イ
37 イ
38 エ
39 ア

注 扇動＝世間の人の気持ちをあおること

15 同音・同訓異字

●30〜31ページ

1 エ
2 ウ
3 オ
4 イ
5 ア
6 エ
7 オ
8 イ
9 ウ
10 ウ

注 好奇心＝不思議なことや珍しいことなどを知りたいと思う心

11 エ
12 ア
13 イ
14 オ
15 ア
16 エ
17 イ
18 オ

注 尽力＝力をつくすこと
尽＝つくす

19 イ
20 オ
21 ア
22 ウ
23 ア
24 エ

25 オ
26 ア
27 エ
28 イ
29 オ
30 ウ
注渡来＝外国から海をこえて来ること
31 ウ
32 エ
33 オ
34 オ
35 ウ
36 イ
37 エ
注端麗＝姿、形がととのって美しい
38 ウ
39 オ

16 同音・同訓異字

●32～33ページ

1 オ
2 ア
3 イ
4 エ
5 ウ
6 ア
7 イ
8 エ
9 オ
10 オ
11 ア
12 イ
注端正＝きちんとしていること
13 イ
14 ウ
15 オ
16 エ
17 ア
18 オ
注必定＝きっとそうなること
19 ア
20 エ
21 オ
22 イ
23 オ
24 ア
25 オ
26 エ
27 ウ
28 イ
29 オ
30 ア
31 ア
32 エ
33 オ
34 オ
35 イ
36 ウ
37 ア
38 ウ
39 オ

17 書き取り

●34～35ページ

1 蒸気
2 精進
3 純白
4 看護
5 墓穴
6 樹立
7 綿密
8 所望
9 視野
10 発揮
11 穀物
12 誕生
13 化身
注化身＝神や仏の生まれ変わり。また、姿を変えて現れたもの
14 磁石
15 操作
16 毒舌
17 批判
18 流域
19 遺志
注死んだ人が生きているときに、やろうとしてできなかった望み。意志(なしとげようとする心)、意思(思っていること)とのちがいに注意
20 沿線
21 拡張　×拡長
22 郷里
23 警報
24 筋骨　×金骨
25 簡潔
注短くてよくまとまっている
26 鋼鉄　×鉱鉄
27 劇場
28 一切
29 根性　×根情
30 推察
31 養蚕　×養参
32 中傷
33 寸断　×寸段
34 貯蔵
35 宇宙
36 忠義　×忠儀
37 著作
38 確認
39 異常
注ふつうでない。「異状」はふだんとちがう様子。「体に異状はない」
40 補修　×舗修
41 訪問　×訪門
42 臨時
43 軽率
44 展覧
45 郵送
46 模写
47 夢中　×霧中
48 迷宮
注迷宮入り＝こみ入って解決できない
49 段階

●チェックしよう

15 38「齢」と「令」
齢＝年が次々と並ぶことで年のとりぐあいを表す。
令＝命令、号令などの言葉に使われる字で、言いつけ、言いつけるの意味。

50 温暖

18 書き取り

●36～37ページ

1 運賃
2 負担
3 尊敬
4 創刊
5 天敵
6 収集 ×収拾＝まとめおさめること。「事態の収拾」
7 圧縮
8 録音
9 心臓
10 本望
11 貴重
12 演劇
13 専念 ×先
14 潮流
15 容易
16 難関
17 危険
18 規律
19 規模
20 仮装
21 参拝
22 合奏
23 準備
24 就任
25 適性 ×適正
26 討議
27 至極
28 除外
29 気性 ×気象
30 同盟
31 主張
32 液体
33 直径
34 対策
35 節減
36 観覧
37 内閣
38 招待 ×招対
39 署名 ×書名
40 資源
41 習慣
42 返済
43 由来
44 高層
45 混迷
46 独創
47 縦横
48 興奮
49 朗読
50 豊富

19 書き取り

●38～39ページ

1 探
2 裁
3 訪
4 欲
5 構 ×講
6 盛
7 奮 ×振
8 映 ×写
9 度
10 座
11 就 ×着
12 注 ×柱・住
13 鋼
14 現 ×表
15 基 ×元
16 刻
17 預
18 門
19 届
20 頂
21 値
22 骨
23 吸
24 刷
25 混 ×交
26 激
27 技
28 厳
29 紅
30 捨
31 似
32 招 ×紹
33 授
34 染
35 音 ×値・根
36 試
37 初
38 仮
39 燃
40 潮 ×塩
41 暖 注暖かい＝日が当たってあたたかい。「暖かい部屋」 温かい＝水があたたかい。様子がおだやかなことに使う。「温かい家庭」
42 築
43 忘
44 暮
45 暴
46 乱
47 射 ×居
48 供 ×備
49 延
50 推

注推す＝推せんする 押す＝力を入れて前へ進ませる

20 熟語構成

●40～41ページ

1 イ 注濃淡＝濃いことと薄いこと
2 ア
3 ウ
4 オ
5 イ
6 エ
7 ア 注恐怖＝おそれる・こわい。こわがる どちらも同じような意味
8 イ
9 ウ
10 ア
11 エ
12 ウ
13 イ

14 オ
15 エ
16 ア
17 イ
18 ウ
注瞬＝まばたき。ごく短い時間　瞬間＝まばたく間。きわめて短い時間
19 ア
20 エ
21 ア
22 イ
23 オ
24 エ
注冒＝無理に進む。おしきる
険＝けわしい。あぶない
冒険＝あぶないことを思い切ってする
25 ウ
26 ア
27 エ
28 イ
注さかえたりおとろえたりすること

29 オ
30 イ
31 ア
32 オ
33 ウ
34 エ
35 ア
36 イ
37 ウ
注矛＝ほこ・突き刺す武器
盾＝たて・矢、刀などから身を守る防具
38 ア
39 エ
40 イ
41 ウ
42 エ
43 オ
44 ア
45 エ
46 エ
47 ア
48 イ
49 エ

50 オ
51 ウ
52 ア
注乾＝水分がなくなる
燥＝火をたいて物をかわかす
53 エ
54 イ
55 ウ
56 ア
57 オ
58 ウ
59 イ
60 エ
注「群れを抜く」。意味は「とびぬけてすぐれる」

21 熟語構成

●42～43ページ

1 ウ
注すぐれた作品
2 イ
3 ア
4 エ
5 イ
注陰＝光が当たらない所。かげ
陽＝日の光
6 ウ
7 ア
8 オ
9 エ
10 ア
11 ウ
12 イ
13 エ
14 ウ
15 ア
16 イ
17 オ
18 ウ
19 ア
20 エ
注境界線や国境をこえること
21 イ
22 ア
23 エ

24 イ
25 ウ
注一つの言葉の意味の範囲をせまく考えること
26 ア
27 エ
28 オ
29 イ
30 ア
31 イ
32 ウ
33 ア
注動物などを生きたままつかまえること
34 エ
35 オ
36 イ
37 エ
38 ア
39 ウ
40 オ
41 ウ
42 ア
43 エ

44 イ
45 エ
46 ア
47 ウ
48 イ
注貸すことと借りること
49 オ
50 エ
51 ア
52 ウ
53 イ
54 エ
55 ウ
注よその国。外国
56 ア
57 エ
58 イ
59 オ
60 ウ

22 四字熟語

●44～45ページ

1 油

2 頭
3 念
4 専（×先）
5 往
6 諸
7 果
8 利
9 落
10 散
11 機（×気）
12 所
13 絶
14 率
15 混
16 進
17 門
18 城
19 異
20 放
21 老
22 口（×句）
23 歴
24 転（×天）

---

25 考
26 乱
27 態（×体）
28 供
29 旧
30 義
31 消
32 己
33 題
34 秋
35 辞
36 音
37 同
38 路
39 存
40 挙
41 里
42 承
43 賞
44 投
45 熟
46 臨
47 乱

---

48 明
49 散
50 欲

23 四字熟語

●46～47ページ

1 未
2 好
3 難
4 実
5 期
6 昼
7 針（×心）
8 論
9 断
10 径（×経）
11 深（×慎）
12 応
13 異
14 耳
15 博
16 喜
17 材（×在）

---

18 才
19 賛
20 門
21 欠
22 断
23 温
24 奮
25 明
26 品
27 望
28 視
29 打
30 根
31 豊
32 器（×機）
33 青
34 別
35 単（×短）
36 里
37 文
38 天
39 電
40 半

---

41 腹
42 転
43 給
44 生
45 曲
46 集
47 両
48 苦
49 私
50 危

24 四字熟語

●48～49ページ

1 状
2 味
3 故（×古）
4 望
5 縦
6 難
7 覧
8 条
9 方
10 軽

---

11 断
12 危
13 利
14 用
15 言
16 終
17 病
18 周
19 負
20 発
21 転
22 放
23 災
24 鏡
25 暗
26 背
27 非
28 転
29 延
30 有
31 得
32 起
33 志

34 口
35 想
36 道 ×同
37 食
38 談
39 舌
40 節
41 飲
42 路
43 失
44 必
45 夫
46 耕
47 覚
48 退
49 未
50 異

25 対義語・類義語

●50〜51ページ

❶
1 設
2 供 ×共
3 率
4 熱
5 閉
6 観
7 納
8 頭
9 険
10 備
11 然
12 量
13 績
注「績」は成績、業績など。責（責任・責務）、積（蓄積・積載）とのちがいに注意
14 散
15 他
16 想
17 務
18 達
注「進歩」の類義語には、このほかに「前進」「向上」「発展」「飛躍」「進境」など
19 案
20 冷

❷
1 痛
2 警
3 派
注読み方に注意。地味（じみ）・派手（はで）
4 存
5 悲
注悲嘆＝悲しみなげく
6 務
7 増
8 盟
注脱退＝入っている会や団体から抜ける
加盟＝ある集まりの仲間入りをする
9 減
10 確
11 弁
12 潮
13 熱
14 所
15 遠
16 栄
17 指
18 欠
19 賛
20 値

26 対義語・類義語

●52〜53ページ

❶
1 孫
2 禁
3 低
4 易
注平易＝すぐできる様子
5 借
6 縮
注対義語の中で上下とも対応しているものの例。
増進↔減退　集合↔解散など
7 固
8 就
9 費
10 革
11 敬
12 美
注「長所」の類義語には「美点」のほかに、「利点」。対義語は「欠点」「短所」
13 策
14 素
15 配
16 逆
17 労
18 功
19 等
20 夫

❷
1 微
2 優
3 暑
4 簡
注繁雑＝ごたごたしていて、めんどうなこと
5 冷
6 従
注屈従＝自分の心を曲げて相手に従う
7 結
8 臨
9 厳
10 着
注執着＝心が強く引かれていつまでもあきらめない。読み方は「シュウチャク・シュウジャク」の二通りがある
11 的
注率直＝かざりけのない様子
12 造

●チェックしよう

▼対義語・類義語の構成

- 二字熟語の一字が共通するもの
  和服↔洋服・外観＝外見
- 二字とも異なるもの
  過去↔未来
  同意＝賛成

13 樹
14 張
㊟誇張＝実際よりも大げさに言ったりしたりする
15 派
16 在
17 承
㊟「許可」の対義語は「禁止」。類義語は「承認」
18 胸
19 密
20 盛
㊟「繁栄」の類義語には「活況」もある

27 対義語・類義語

● 54～55ページ

❶
1 経
2 密
㊟希薄＝一般にうすいこと
3 発
4 看
㊟看過＝うっかり見落とす
5 留
6 優
7 原
8 秘
㊟供述＝裁判で取り調べに対して事実や意見を述べる
黙秘＝聞かれても答えない
9 制
10 善
11 努
12 辺
13 朗
14 易
15 追
16 富
17 護
18 備
19 親
20 台

❷
1 野
2 末
3 退
4 新
5 細
6 然
7 集
8 永
9 続
10 優
11 改
12 因
13 善
㊟「健闘」の類義語はこのほかに、「奮戦」・「力闘」
14 財
15 応
16 値
17 格
18 序
19 群
㊟屈指＝五本の指をおって数える中に入るほどすぐれている
抜群＝多くの中でとび抜けている
20 視

28 部首

● 56～57ページ

1 エ
㊟豕（ぶた・いのこ）
2 イ
3 ウ
4 イ
5 イ
6 ウ
7 エ
8 ア
9 エ
10 ウ
11 ア
12 エ
13 イ
14 エ
15 ウ
16 ウ
㊟「致」は「攵」（のぶん・ぼくづくり）と思いがちであるが、これはまちがい
17 イ
18 エ
19 ウ
20 エ
21 イ
22 ア
23 エ
24 イ
25 ウ
㊟「隶（れいづくり）」が部首になる字は、常用漢字の中では「隷」だけ
26 イ
27 イ
28 エ
29 ア
30 ア
31 エ
㊟「幕」は「くさかんむり」と思いがちであるが「はば」が正しい。よく似た字で「墓」は「土（つち）」が部首
32 ウ
33 エ
34 イ
35 ア
36 ア
37 ウ
38 イ
39 ウ
40 ア

29 部首

● 58～59ページ

1 ウ
2 エ
3 エ
4 ア
5 イ
6 ウ
7 エ

8 ア
9 ア
10 ウ
注「釆」は「のごめ」
11 イ
注「彡」は「さんづくり」
12 ウ
13 ウ
14 イ
15 ア
16 エ
17 イ
18 ア
19 エ
20 イ
21 ウ
22 エ
注よく似た字の部首に注意
観＝見（みる）
勧＝力（ちから）
歓＝欠（あくび・かける）
23 ウ
24 エ
25 ウ

26 ウ
27 ア
28 エ
29 イ
30 エ
31 イ
32 イ
33 ア
34 エ
35 エ
36 ア
37 ア
38 エ
39 ア
注「鼓」の部首は「つづみ」
40 イ

30 部首
●60〜61ページ

1 エ
2 ウ
3 エ
4 ウ
5 イ
6 エ
7 ア
8 ア
9 イ
10 ウ
11 イ
12 ア
13 エ
14 ウ
15 イ
16 エ
17 イ
18 エ
19 ア
20 イ
21 ウ
22 ア
23 ア
24 エ
25 ウ
26 エ
27 ウ
28 エ
29 ウ
30 エ
31 イ
32 イ
33 ウ
34 ア
35 ア
36 エ
注「帽」は「巾（はばへん・きんべん）」
「冒」は「曰（ひらび）」
37 ア
38 エ
注「矛」の部首は「ほこ」
39 エ
40 ウ

31 漢字と送りがな
●62〜63ページ

1 志し
2 反らす
3 退ける
4 改め
5 軽やかだ
6 果てる
7 勢い
8 導か
9 幼い
10 肥やす
11 清らかな
12 幸い
13 慣れる
14 足りる
15 細かい
16 危ぶま
17 基づい
18 安らかに
19 喜ばしい
20 率い
21 供える　×備
22 激しい
23 厳しい
24 連なる
25 欠ける
26 化かす
27 確かめる
28 後ろめたい
29 極めて
30 異なる
31 望ましい
32 好ましい
33 向こう
34 浴びる
35 計らう
36 最も
37 告げる
38 辺り
39 再び
40 自ら
41 謝っ　×誤
42 任せる
43 覚める　×冷
44 厚く　×暑
45 裁く
46 授け
47 生える

48 久しく
49 優れ
50 祝う

32 漢字と送りがな

●64〜65ページ

1 設ける
2 豊かな
3 盛り
4 従う
5 険しい
6 借りる
7 支える
8 照らす
9 散らかす
10 染める
11 直ちに
12 外れ
13 争う
14 探る
15 群がっ
16 築い
17 転がり
18 満ちる
19 幸い
20 拝む
21 補う
22 交わり
23 養う
24 告げる
25 並べる
26 語らい
27 備わっ ×供
28 快く
29 明らかだ
30 定める
31 加わる
32 貧しい
33 平らに
34 傷む
35 閉ざさ
36 親しい
37 防ぐ
38 絶やす
39 訪れる
40 新たに
41 預ける
42 勇ましい
43 帯びる
44 暴れる
45 敬う
46 縮める
47 比べる
48 味わう
49 優しい
50 欲しい

実戦模擬テスト(1)

●66〜69ページ

(一)
1 あくしゅ
2 えんせい
3 かしょ
4 かびん
5 かんるい
6 きばつ
7 ぎきょく
8 けいだい
9 さわん
10 こんきょ
11 しえん
12 しゅうしん
13 しょうかい
14 せっぱく
15 じゅよ
16 きゅうか
17 ていはく
18 もくそう
19 ろうきゅうか
20 れんぽう
21 こい
22 そむ
23 つ
24 かか
25 し
26 こ
27 く
28 かたむ
29 ゆくえ
30 もよ

(二)
1 ウ
2 ア
3 エ
注 拡幅＝道路などの幅を広げること
4 ア
5 オ
6 イ
7 イ
8 オ
9 ウ
10 オ
11 イ
12 エ
13 ウ
14 ア
15 オ

(三)
1 オ
2 カ
3 キ
4 ウ
5 エ

(四)
1 ア
2 オ
3 ア
4 ウ
5 エ
6 イ
注 贈答＝物を贈ったり、お返しをしたりすること
7 ウ
8 エ
9 ア
10 イ

(五)
1 ア
2 イ
3 イ
4 エ
5 ウ
6 ア
7 エ
8 イ
9 ア
10 ウ

(六)
1 冷
2 秘（×否）
3 易
4 応
5 借
6 覚
7 周
8 尊
9 望
10 量

(七)
1 預ける
2 閉ざさ
3 借りる
4 望ましい
5 補う

(八)
1 善
2 有
3 投
4 足
5 耕
6 旧
7 腹
8 災
9 横
10 棒

(九)
1 的・適
2 指・視
3 長・重
4 当・討
5 体・態

(十)
1 納税
2 担当
3 景観
4 看護
5 圧巻
6 列挙
7 統計
8 綿密
9 誠意
10 模型
11 至
12 盛
13 公
14 責
15 花園
16 省
17 衣
18 黄金
19 田舎
20 梅雨

実戦模擬テスト(2)
●70～73ページ

(一)
1 ごうかい
2 ざっとう
3 さんまん
4 やくざい
5 ゆうえつ
6 ろてん
7 ぶよう
8 そうしょく
9 やくどう
10 かんそう
11 おくそく
12 しゅうれい
13 しゅんじ
14 ががく
15 ぜっぺき
16 でんどう
17 とうひ
18 とうしゅう
19 みょうあん
20 めいわく
21 おく
22 えもの
23 てがら
24 せま
25 す
26 そ
27 あしこし
28 たたみ
29 ひより
30 ふぶき

(二)
1 イ
2 オ
3 エ
4 ア
5 エ
6 オ
7 イ
8 エ
9 ア
10 ウ
11 オ
12 イ
13 イ
14 ウ
15 ア

(三)
1 エ
2 キ
3 ア
4 カ
5 イ

(四)
1 エ　注 仰天＝非常に驚くこと
2 ア
3 イ
4 ウ
5 ア
6 ア
7 ウ
8 エ

●チェックしよう

▼三字熟語の構成

・二字熟語に漢字が一字上についたもの
大・自然　無・意識
非・公式　未・完成

・二字熟語に一字下についたもの
人類愛・最大限・
人間性・印象的

・三字が対等に並ぶ
松竹梅　衣食住

9 イ
10 オ

注 更衣＝衣服を着替えること

(五)
1 ア
2 エ
3 ア
4 イ
5 イ
6 エ
7 ア
8 エ
9 ウ
10 イ

(六)
1 応
2 追
3 革
4 故
5 和

注 険悪＝とげとげしくてきびしい
柔和＝優しくて柔らかなさま

6 績 ×積
7 貯
8 賛
9 模
10 等

(七)
1 転がる
2 久しい
3 冷ます
4 設ける
5 快く

(八)
1 望
2 晩
3 苦
4 志 ×思
5 言
6 品
7 転
8 火
9 承
10 考

(九)
1 能・脳
2 勢・精
3 集・修
4 節・接
5 混・困

(十)
1 均等
2 得策
3 複雑 ×復
4 故障
5 格段
6 最適
7 服装
8 要領
9 有頂天 ×宇頂天
10 極秘
11 除
12 片言
13 補
14 土産
15 海原
16 志
17 巡
18 危
19 閉
20 若人

●74～77ページ 実戦模擬テスト(3)

(一)
1 まんさい
2 しょうさい
3 むじゅん
4 だくりゅう
5 ちんみょう
6 ていぼう
7 ていしょく
8 てんぽ
9 てんじょう
10 てんぷ
11 せんめい
12 ちょうしゅう
13 こうそう
14 すあし
15 こうりょ
16 びんそく
17 ぼうかん
18 とらい
19 しゅう
20 ふんとう
21 まさ
22 ぼん
23 おく
24 はず
25 さけ
26 にもの
27 めぐ
28 おき
29 みやげ
30 むすこ

(二)
1 エ
2 ウ
3 ア
4 イ
5 ウ
6 オ
7 イ
8 エ
9 オ
10 ア
11 エ
12 オ
13 オ

注 鼓吹＝ひろく宣伝すること

●チェックしよう

▼四字熟語の構成
・類似の二字熟語を重ねたもの
公明正大
・対義の二字熟語を重ねたもの
半信半疑
・上の二字熟語が主語、下の二字熟語が述語
首尾一貫
・上の二字熟語が下の二字熟語を修飾
暗中模索
・四字が対等に並ぶ
春夏秋冬

14 イ
15 ウ

(三)
1 エ
2 ク
3 ケ
4 イ
注 侵攻＝相手の領土に攻め込む
5 ウ

(四)
1 ウ
2 イ
3 オ
4 ア
5 エ
6 ア
7 エ
8 ウ
9 イ
10 ア

(五)
1 エ
2 ア
3 イ
4 ア
5 ウ
6 エ
7 イ
8 ア
9 ア
10 ア

(六)
1 去
2 近
3 散
4 減
5 例
6 弁
7 品
8 皮
9 測
10 類

(七)
1 基づく（×元）
2 味わう
3 連なっ
4 盛り
5 営む

(八)
1 単（×短）
2 臨
3 東
4 負
5 断
6 回（×皆・改）
7 覧
8 差
9 周
10 豊

(九)
1 往・応
2 与・予
3 科・課
4 句・区
5 恵・景

(十)
1 視界
2 安否
3 混雑
4 除幕（×序）
5 早速
6 待機
7 派生
8 破片
9 明朗
10 録音
11 招
12 退
13 声色
14 裁
15 任
16 支
17 後
18 厳
19 軽
20 仮名

実戦模擬テスト(4)

●78〜81ページ

(一)
1 じょばん
2 にゅうわ
3 ばくはつ
4 ちんか
5 しゅうさく
6 しゃめん
7 しんすい
8 てんとう
9 とうなん
10 びび
11 ひつじゅひん
12 びんそく
13 ふきゅう
14 ふうし
15 ようしょく
16 しゅこう
17 しんがい
18 へいぼん
19 はくじょう
20 ちりょう
21 ふ
22 なげ
23 あわ
24 たくわ
25 そむ
26 ねむ
27 きり
28 ふ
29 さつきば
30 うなばら

(二)
1 エ
2 イ

●チェックしよう

▼**熟字訓**
漢字一字一字の音・訓に関係なく、語の組み合わせ全体を一語としてそれに**当てた訓。**

「仮名」（かな）「息子」（むすこ）「雪崩」（なだれ）「浴衣」（ゆかた）「土産」（みやげ）「梅雨」（つゆ）などがある。

3 ウ
4 ウ
5 エ
6 ア
7 オ
8 ア
9 イ
10 エ
11 イ
12 ア
13 ウ
14 オ
15 ア

(三)
1 カ
2 ケ
3 ウ
4 キ
5 オ

(四)
1 エ
2 ウ
3 イ
4 ウ
5 エ
6 イ
7 オ
注 類義語は「不詳」
8 ア
9 ウ
10 ア

(五)
1 エ
2 エ
3 ウ
4 イ
5 ウ
6 ア
7 イ
8 エ
9 ア
10 ア

(六)
1 派
2 面
3 興
4 制
5 応
6 素
7 責
8 潮 ×調
9 留
10 快

(七)
1 整える
2 果てる
3 勝る
4 豊かな
5 明らかに

(八)
1 油
2 姿
3 論
4 転
5 科
6 味
7 辞
8 挙
9 里
10 乱

(九)
1 改・開
2 集・衆
3 勢・成
4 点・転
5 刺・指

(十)
1 賛同
2 方針
3 収容
4 改革
5 支持
6 経過
7 導入 ×動
8 遺言
9 敬遠
10 目減
11 迷子
12 従
13 練
14 我先
15 座
16 紅
17 報
18 芝生
19 麦飯
20 時雨

実戦模擬テスト(5)

●82～85ページ

(一)
1 いらい
2 たんぱく
3 ゆいごん
4 はんばい
5 ひろう
6 かんだん
7 いぎ
8 いんきょ
9 しゅくはい
10 しゅし
11 きょうれつ
12 いじ
13 りんじん
14 とうみん
15 きはん
16 じんもん
17 そうい
18 しぼう
19 てんぷ
20 ぜひ
21 おに
22 いど
23 お
24 と
25 いた
26 いねか
27 とうげ
28 お
29 もと
30 まわ

(二)
1 ウ
2 ア
3 エ
4 ア
5 エ

6 ウ
7 オ
8 エ
9 ア
10 エ
11 オ
12 ア
13 ウ
14 オ
15 ア

(三)
1 エ
2 ク
3 カ
4 イ
5 ケ

(四)
1 イ
2 ア
3 エ
4 オ
5 ウ
6 ウ
7 エ
8 イ
9 エ
10 ア

(五)
1 ア
2 ウ
3 イ
4 エ
5 ウ
6 イ
7 エ
8 イ
9 ウ
10 イ

(六)
1 散
2 航
3 朗
4 体
5 受
6 守
7 職
8 簡
9 収
10 常

(七)
1 厳しい
2 群れる
3 告げる
4 困り
5 散らかさ

(八)
1 得
2 整　×正
3 歴　×暦
4 動
5 曲
6 発
7 難
8 望
9 束
10 利

(九)
1 居・射
2 肩・片
3 要・様
注 様式＝共通しているある型や方法
4 幸・好
5 考・航

(十)
1 清潔
2 対象　×対照・対称
3 円熟
4 短縮
5 貿易
6 配布
7 民衆　×集
8 痛快
9 映像
10 宇宙
11 拝
12 届
13 素直
14 拾
15 試
16 謝　×誤
17 乳飲
18 三味線
19 授
20 就

実戦模擬テスト(6)

●86～89ページ

(一)
1 えいきょう
2 しきさい
3 こうき
4 はんにゅう
5 かいたく
6 せいきょう
7 たいしん
8 きゃっこう
9 しょうごう
10 じんりょく
11 のうむ
12 はけん
13 へいさ
14 へんこう
15 げんこう
16 びょうしゃ
17 そっこく
18 はんも
19 れんらくもう
20 おせん
21 は
22 かど
23 かわ

●チェックしよう

▼部首とは
漢字を組み立てている部分のうちで、漢字をその字画構成の上から分類するときの**基本**となる部分をいう。
字書に収録されている漢字は、この部首によって分類されている。

24 わざ
25 しずく
26 つ
27 くも
28 は
29 しばふ
30 いなか

(二)
1 ウ
2 オ
3 ア
4 エ
5 オ
6 イ
7 イ
8 エ
9 ウ
10 ア
11 オ
12 イ
13 エ
14 ア
15 ウ

(三)
1 カ
2 コ
3 オ
4 キ
5 ク

(四)
1 イ
2 オ
3 エ
4 イ
5 ア
6 ウ
7 ウ
8 ア
9 ウ
10 エ

(五)
1 ウ
2 エ
3 イ
4 ウ
5 ア
6 エ
7 ウ
8 ア
9 エ
10 イ

(六)
1 独
2 固
3 好（×幸）
4 略
5 病
6 復
7 囲
8 警
9 担
10 加

(七)
1 細かい
2 軽やかな
3 親しむ
4 優れ
5 険しい

(八)
1 休
2 門
3 夫
4 機
5 苦
6 打
7 未
8 根
9 散
10 里

(九)
1 縁・沿
2 修・収
3 買・飼
4 堅・健
5 致・置

(十)
1 財産
2 羽毛
3 操縦
4 伝承
5 提供
6 救済
7 祝福
8 省略
9 度胸
10 編成
11 難
12 呼
13 覚
14 額
15 反
16 行方
17 節目
18 経
19 推
20 有頂天

●チェックしよう

▼部首をまちがえやすい漢字の例

〔偏（へん）〕
準→氵（さんずい）
死→歹（かばねへん）
牧→牛（うしへん）

〔旁（つくり）〕
利→刂（りっとう）
務→力（ちから）
募→力（ちから）
料→斗（とます）
項→頁（おおがい）